Guardianes del Tesoro

Torneo bíblico

Primera Edición en idioma español
© 1992 por Generación XXI

Impreso en Generación XXI, Springfield, MO, EE.UU.

Anita V. de Niles, Directora
Janet Arancibia, Coordinadora
Guido Feliz, Editor de estilo
Abigail Bogarín, Editora técnica

Esto es una producción de SLC

Apartado 0818-00792
Ciudad de Panamá, PANAMÁ

ISBN: 978-1-63368-136-1

Escudero

El Escudero es el portador de la bandera que pregona las "Buenas Nuevas" de salvación para todos. No teme ser guía de todos los que han decidido tomar el camino angosto y recto que conduce a la vida eterna.

Arquero

El Arquero es el portador de las flechas de Dios. Sus flechas son semejantes a las promesas y verdades de la Palabra divina. Cuando estas flechas de la verdad son lanzadas con fe, muestran el camino de seguir y servir a Dios con fidelidad. El arquero mantiene su aljaba llena y está siempre listo y a la espera del mandato de su Señor.

Lancero

El Lancero hábilmente esgrime su arma contra el tentador, Satanás. La fuerza y los músculos en las manos del Lancero son símbolos del victorioso poder que el Espíritu Santo da a los que ejercitan su fe a través de la oración para derrotar la fortaleza del enemigo y ganar la victoria.

Guardián real

El Guardián real ha puesto su mirada, no en los tesoros terrenales que se corrompen y deterioran, sino más bien en la "recompensa celestial". Estudia con diligencia la Palabra de Dios. Pone en práctica la advertencia de Pablo a Timoteo: "Procura con diligencia presentarte a Dios aprobado, como obrero que no tiene de qué avergonzarse, que usa bien la palabra de verdad" (2 Timoteo 2:15).

GUARDIANES DEL
Torneo bíblico

TESORO

Bienvenido

Al programa Guardianes del Tesoro: Torneo bíblico (GDT). Éste enseña las verdades de la Biblia a través de preguntas y respuestas. Tú y otros niños y jóvenes de tu edad comenzarán a explorar el emocionante mundo de la Biblia.

Hay tesoros para ser descubiertos

La Palabra de Dios es semejante a un arca de tesoros que contiene piedras y joyas preciosas que ofrece una riqueza incalculable al que la lea, se la memorice y siga el plan de vida eterna. Está llena de promesas preparadas por Dios para los que lo aman. ¡Como un tesoro escondido, deberás buscarla para descubrir todas las cosas buenas que contiene!

Los niños y jóvenes que aparecen en la cubierta de este libro ya han aceptado el emocionante desafío de estudiar la Biblia. ¡Ellos son Guardianes del Tesoro!

¡Tú también puedes llegar a ser un Guardián del Tesoro! Este programa ofrece una vía nueva de cómo descubrir las joyas de la Palabra de Dios y guardarlas en tu corazón. Te instamos a ser un guerrero fuerte en la fe y en el conocimiento de la Palabra de Dios. Ya has dado el primer paso. ¡Ven y únete a las filas de los que, como tú, están ansiosos de ser todo lo que puedan para Dios!

Este manual contiene 576 preguntas seleccionadas cuidadosamente acerca de personas importantes, lugares, sucesos y enseñanzas de la Biblia. Las preguntas han sido preparadas para usarlas en competencias en la iglesia local o entre las iglesias de la misma ciudad o sus alrededores. Otros usos podrían ser: estudio individual, reunión familiar, juegos para la Escuela dominical, culto de niños o en clase de las escuelas cristianas.

Rango

Las preguntas están divididas en tres niveles de dificultad. El primer nivel, el rojo, es el nivel Escudero, de 1 a 288. El segundo nivel, el azul, es el nivel Arquero, de 289 a 480. El tercer nivel, el púrpura, es el nivel Lancero, de 481 a 576. Las preguntas son más difíciles a medida que avanzan de un nivel a otro. Todos los participantes deben comenzar con el nivel Escudero y concentrarse sólo en aprender primero estas preguntas. Las preguntas y respuestas del primer nivel te darán un repaso de toda la Biblia. Cuando las aprendas podrás avanzar a los demás niveles, Arquero y Lancero. Cada nivel tiene un distintivo para indicar el grado de estudio del participante en el programa GDT. Durante la competencia, las preguntas del nivel Escudero valen 10 puntos, las del Arquero 20 puntos y las del Lancero 30 puntos.

El libro de reglas de GDT va junto con un juego de fichas numeradas del 1 al 576. El color de las fichas es la clave que indica los niveles de dificultad. Las fichas corresponden a las preguntas del manual GDT y sirvirán para formar números al azar. Si no tienes fichas, escribe cada número sobre un pedazo de papel y úsales como tales.

Para avanzar de un nivel a otro, deberás completar con éxito los siguientes requisitos:

Escudero: *Responder correctamente 20 de 30 preguntas de este nivel hechas al azar.*

Arquero: *Responder correctamente 25 de 30 preguntas del nivel Escudero y 15 de 20 preguntas del nivel Arquero hechas al azar.*

Lancero: *Responder correctamente 28 de 30 preguntas del nivel Escudero: 18 de 20 del nivel Arquero y 6 de 10 del nivel Lancero hechas al azar.*

Después que hayas demostrado un dominio del primer nivel, debes comenzar a estudiar el siguiente nivel de preguntas. En cada nivel de estudio cada uno es responsable de saber las preguntas de los niveles anteriores.

Guardián Real

El Guardián Real es una clasificación especial para los participantes que son sumamente hábiles en los tres niveles. Para que un participante llegue a ser un Guardián Real, deberá contestar correctamente 59 de 60 preguntas hechas al azar, después que el conjunto completo de fichas hayan sido mezcladas. Para los que llegan a ser Guardián Real hay un distintivo especial que podrán llevar puesto con los otros distintivos durante la competencia.

Cómo estudiar el manual GD

Comienza observando la primera página. Notarás que las preguntas están al lado izquierdo de la página y las respuestas que les corresponden al lado derecho, en color obscuro. Usa el marcador de libro GDT para tapar las respuestas. Lee en voz alta la primera pregunta y procura dar la respuesta. Desliza a un lado el marcador de libro para comprobar si tu respuesta es correcta. Asegúrate de descubrir sólo la respuesta de la pregunta a la que has estado respondiendo.

Puntos extras: Guías

Observa las preguntas y notarás que la mayoría comienzan con palabras en negritas. A éstas las llamamos "Guías". Para obtener puntos extra y para que el desafío sea mayor, trata de completar la pregunta y dar la respuesta correcta después de escuchar sólo la palabra "Guía". Durante la competencia, recibirás 5 puntos extra si completas la pregunta y das la respuesta correcta. No hay "Guías" iguales, pero sí podría haber una leve diferencia entre una "Guía" y otra, como una letra o palabra.

¿Qué harás?

Todos tienen la oportunidad de llegar a ser "Guardianes del Tesoro", pero no todos dedicarán el tiempo necesario para estudiar y aprenderse las preguntas y las respuestas. Sólo el participante fiel que estudia y práctica cada día podrá descubrir la mayor cantidad de tesoros ¡Tú puedes! ¿Estás dispuesto a aceptar el desafío de llegar a ser "Guardián del Tesoro"? Sí, ¡adelante!

Materiales GDT

El programa GDT da los certificados y sellos para premiar el logro de cada nivel. Ofrece además camisetas de color impresas, un distintivo para individualizar el nivel y un libro de reglas y fichas numeradas. Habla con tu pastor o líder de la iglesia sobre cómo participar en este programa.

Para obtener estos materiales ponte en contacto con el representante del departamento de currículum para niños de tu país, o escribe al

Departamento de Currículum para Niños
P. O. Box 4789
Springfield, MO 65808 USA.

Juegos GDT

GDT se puede usar de diversas maneras para que el estudio bíblico resulte divertido y apasionante. Sólo tu imaginación limita su uso. A continuación ofrecemos unos juegos para ayudarte a comenzar. Reúne a algunos de tus amigos y jueguen juntos para ver qué tal les va. Después, haz un juego tú solo. La clave es divertirse aprendiendo. Si tienes una sugerencia o actividad que es muy recreativa y amena, escríbela y envíanos una copia. ¡Nos encantaría compartir tus ideas con los que, como tú, son *Guardianes del Tesoro!*

Rueda de números

Prepara un circulo de cartulina. Escribe en la orilla del círculo los números de las preguntas que repasarás. Fija en el centro del círculo una manecilla que gire. (Para la manecilla puedes usar un sujetapapeles y una tachuela para fijarlo al círculo. (Dobla la punta de la tachuela para evitar rasguños.) Puedes jugar con otros participantes, turnándose para que cada uno pueda hacer girar la manecilla y, según el número que señale, contestar la pregunta.

Careo bíblico

Los participantes se paran en una fila frente al árbitro o director. Este juego se puede jugar de dos maneras: 1. Las preguntas del nivel Escudero se hacen al azar de acuerdo al turno de cada participante. Si éste falla en dar la respuesta correcta debe sentarse. Cuando un determinado número de participantes siguen de pie, el que hace las preguntas puede comenzar a hacer preguntas del nivel azul, Arquero, y finalmente las del nivel Lancero. 2. Todos los números correspondientes a las tres categorías de preguntas pueden mezclarse para formar los números al azar. El jugador debe sentarse cuando pierda puntos de la escala siguiente: Escudero, 3 puntos; Arquero, 2 puntos y Lancero, 1 punto. Lo opuesto del orden de puntos permite al jugador perder 1 punto de Escudero o 3 puntos de Lancero antes de ser eliminado.

Sobre de preguntas

El grupo se divide en dos o más equipos. Cada equipo necesitará un conjunto de preguntas y respuestas. Las preguntas se ponen en un sobre y las respuestas en otro. Cuando el director del juego exclame "¡Comiencen!" cada equipo vaciará el sobre con las preguntas y las alineará en una mesa por separado. Enseguida vaciará el sobre con las respuestas y todos trabajarán juntos para emparejar las respuestas con las preguntas. El equipo que termine primero gritará "¡Listo!" e inmediatamente el director exclamará "¡Paren!" y todos dejarán de trabajar. El director verificará que todas las respuestas del primer equipo se corresponden con las preguntas y lo proclamará ganador. Si no hay correspondencia entre las preguntas y las respuestas, revisará las del otro equipo y el que tenga más respuestas correctas será el ganador.

Guardianes del Tesoro

Escudero

PREGUNTAS	RESPUESTAS
1. ¿Qué es la Biblia?	1. La Palabra inspirada por Dios.
2. ¿Cuántos libros tiene la Biblia?	2. 66
3. ¿Cómo se llaman las dos divisiones principales de la Biblia?	3. Antiguo Testamento y Nuevo Testamento
4. Da dos sinónimos de la palabra testamento.	4. Pacto y contrato
5. ¿Cuántos libros componen el Antiguo Testamento?	5. 39
6. ¿En qué idiomas fue escrito el Antiguo Testamento?	6. Hebreo y arameo
7. ¿Cuántos libros componen el Nuevo Testamento?	7. 27
8. ¿En qué idioma fue escrito el Nuevo Testamento?	8. Griego
9. ¿Cuántos hombres fueron inspirados por Dios para escribir la Biblia?	9. Alrededor de 40
10. ¿Cuántos años abarca la escritura total de la Biblia?	10. Aproximadamente 1600 años
11. ¿Qué libro de la Biblia relata el origen del mundo?	11. Génesis

PREGUNTAS		RESPUESTAS	
12.	Cita los cuatro evangelios.	12.	San Mateo, San Marcos, San Lucas y San Juan
13.	¿Qué significa la palabra evangelio?	13.	Buenas nuevas
14.	¿Cuál es el tema principal de los cuatro evangelios?	14.	La vida y las enseñanzas de Jesús.
15.	¿Quién escribió más libros de la Biblia?	15.	El apóstol Pablo
16.	¿Qué libro de la Biblia relata el origen de la Iglesia?	16.	Hechos
17.	¿Qué libro del Nuevo Testamento registra más profecías acerca del futuro?	17.	Apocalipsis
18.	¿Qué libro del Antiguo Testamento es una colección de himnos y cantos?	18.	Salmos
19.	¿Quién escribió gran parte de los Salmos?	19.	El rey David
20.	¿Qué es una epístola?	20.	Una carta escrita por un apóstol
21.	¿Qué libro de la Biblia tiene más capítulos?	21.	Salmos
22.	¿Cuál es el capítulo más corto de la Biblia?	22.	Salmo 117
23.	¿Cuál es el capítulo más largo de la Biblia?	23.	Salmo 119

	PREGUNTAS		RESPUESTAS
24.	Cita el texto que enseña quién creó el universo.	24.	Génesis 1:1 – "En el principio creó Dios los cielos y la tierra."
25.	¿Cómo se llamaban el primer hombre y la primera mujer?	25.	Adán y Eva (Génesis 3:20)
26.	¿Qué distingue al hombre de los animales?	26.	Dios creó al hombre a su imagen. (Génesis 1:27)
27.	¿Qué árboles se mencionan en el relato del primer pecado del hombre?	27.	1) el árbol de la ciencia del bien y del mal 2) el árbol de la vida (Génesis 2:17; 3:22)
28.	¿Cómo entró el pecado al mundo?	28.	Por medio de la desobediencia de Adán y Eva Génesis 3:1-8; Romanos 5:12)
29.	¿Quiénes fueron los primeros dos hermanos?	29.	Abel y Caín (Génesis 4:1 y 2)
30.	¿Quién fue el primer asesino?	30.	Caín (Génesis 4:8)
31.	¿Quién caminó con Dios hasta que Dios se lo llevó al cielo sin ver muerte?	31.	Enoc (Génesis 5:24; Hebreos 11:5)
32.	Cita el nombre y los años del hombre que vivió más tiempo que ningún otro.	32.	Matusalén vivió 969 años. (Génesis 5:27)

PREGUNTAS		RESPUESTAS	
		33.	Porque la maldad de los hombres era tal que todos sus pensamientos eran de continuo solamente el mal. (Génesis 6:5)
33.	¿Por qué envió Dios el diluvio sobre la tierra?		
34.	¿A quienes libró Dios del diluvio?	34.	A Noé y a su familia (Génesis 7:7)
35.	¿Cómo se llamaban los tres hijos de Noé?	35.	Sem, Cam y Jafet (Génesis 7:13)
36.	¿Cuánto tiempo llovió durante el diluvio?	36.	36. 40 días y 40 noches (Génesis 7:12)
37.	¿Qué simbolizó el primer arco iris?	37.	La promesa de Dios de que nunca volvería a destruir al mundo con agua (Génesis 9:14 y 15)
38.	¿Cómo se rebelaron contra Dios los habitantes de la tierra después del diluvio?	38.	Ellos intentaron edificar una ciudad con una torre cuya cúspide llegara al cielo. (Génesis 11:4)
39.	¿Cómo juzgó Dios a los que construían la torre de Babel?	39.	Confundió la lengua de ellos. (Génesis 11:7)
40.	¿Cómo probó Dios a Abram cuando lo mandó salir de su tierra?	40.	Dios le pidió que lo siguiera sin saber adónde iba. (Hebreos 11:8)
41.	¿Cómo se llamaba el sobrino de Abram?	41.	Lot (Génesis 12:5)

PREGUNTAS		RESPUESTAS	
42.	¿Cuál era el nombre original de la tierra que Dios prometió a Abram?	42.	Canaán (Génesis 12:5)
43.	¿Cómo se llamaba la esposa de Abram?	43.	Sarai (Génesis 12:5)
44.	¿A qué país fue a morar Abram cuando hubo hambre en la tierra?	44.	Egipto (Génesis 12:10)
45.	¿Qué tenía de malo que Lot viviera en Sodoma?	45.	Los hombres de Sodoma eran en gran manera malos y pecadores contra Jehová. (Génesis 13:13)
46.	¿Quién era Melquisedec?	46.	Rey de Salem y sacerdote del Dios Altísimo (Génesis 14:18)
47.	¿Cómo se llamaba el hijo que tuvo Abram con Hagar?	47.	Ismael (Génesis 16:15)
48.	¿Qué ciudades destruyó Dios con fuego debido a su extrema maldad?	48.	Sodoma y Gomorra (Génesis 19:24 y 25)
49.	¿Cómo se llamaba el hijo que tuvo Abraham con Sara?	49.	Isaac (Génesis 21: 2 y 3)
50.	¿Qué edad tenían Abraham y Sara cuando les nació Isaac?	50.	Abraham tenía 100 años y Sara 90 años. (Génesis 17:17)

PREGUNTAS		RESPUESTAS	
51.	¿Cuál era el nombre de la esposa de Isaac?	51.	Rebeca (Génesis 24:67)
52.	¿Cómo se llamaban los gemelos fraternos de Isaac y Rebeca?	52.	Esaú y Jacob (Génesis 25:25 y 26)
53.	¿Qué vendió Esaú a Jacob?	53.	Su primogenitura (Génesis 25:33)
54.	¿Cómo obtuvo Jacob la bendición de la primogenitura?	54.	Haciéndose pasar por Esaú ante su padre (Génesis 27:1-29)
55.	¿Dónde soñó Jacob que había una escalera cuyo extremo tocaba el cielo?	55.	Bet-el (Génesis 28:10-19)
56.	¿Cómo se llamaban las dos esposas de Jacob?	56.	Lea y Raquel (Génesis 29:16-28)
57.	¿Cuál era y qué significaba el nombre nuevo que Dios le dio a Jacob?	57.	57. Israel, que significa "el que lucha con Dios" (Génesis 32:28)
58.	¿Cerca de qué ciudad murió Raquel?	58.	Belén (Génesis 35:19)
59.	¿Cómo mostró Jacob el amor especial que sentía por su hijo José?	59.	Le regaló una túnica de diversos colores. (Génesis 37:3)
60.	¿A qué país fue llevado José y vendido como esclavo?	60.	Egipto (Génesis 39:1)
61.	¿Quién fue el primer amo de José en Egipto?	61.	Potifar (Génesis 39:10)

PREGUNTAS	RESPUESTAS
62. ¿Por qué José fue puesto en la cárcel?	62. Por ser acusado falsamente por la esposa de su amo. (Génesis 39:12-20)
63. ¿Los sueños de quiénes interpretó José mientras estaban en la cárcel?	63. El copero y el panadero de Faraón (Génesis 40:5)
64. ¿Qué interpretación dio José al sueño de Faraón?	64. Habría siete años de abundancia seguidos por siete años de hambre. (Génesis 41:25-32)
65. ¿A quién encargó Faraón que hiciera los preparativos para los años de hambre?	65. A José (Génesis 41:33-46)
66. ¿Cómo se llamaban los dos hijos de José?	66. Manasés Y Efraín (Génesis 41:50-52)
67. ¿Por qué viajaron los hermanos de José a Egipto?	67. Para comprar alimento (Génesis 41:57; 42:1-3)
68. ¿Dónde se establecieron Jacob y su familia en Egipto?	68. En la tierra de Gosén (Génesis 46:34)
69. ¿Qué nombre puso la hija de Faraón al bebé que encontró en una canastilla a orillas del río Nilo?	69. Moisés (Éxodo 2:10)
70. ¿Por qué huyó Moisés de Egipto?	70. Porque se descubrió que él había matado a un egipcio que maltrató a un israelita. (Éxodo 2:11-15)

	PREGUNTAS		RESPUESTAS
71.	¿Cómo se llamaba el suegro de Moisés y qué cargo ocupaba?	71.	Jetro, sacerdote de Madián (Éxodo 3:1)
72.	¿Dónde se le apareció Dios a Moisés como llama de fuego en medio de una zarza?	72.	En el monte Horeb (Éxodo 3:1 y 2)
73.	¿Qué promesas dio Dios a Moisés desde la zarza ardiente?	73.	Librar a Israel de la esclavitud en Egipto y llevarlos a una tierra que fluye leche y miel (Éxodo 3:2-10)
74.	¿A quién escogió Dios para ayudar a Moisés a sacar al pueblo israelita de Egipto?	74.	A Aarón, hermano de Moisés (Éxodo 4:14)
75.	¿Cómo convenció Dios a Faraón para que dejara ir a los israelitas?	75.	Envió diez plagas sobre el pueblo egipcio. (Éxodo 3:20; 7:14; 12:30)
76.	¿Cuál fue la décima y última plaga que cayó sobre Egipto?	76.	La muerte de todo primogénito (Éxodo 11:1-7; 12:29 y 30)
77.	¿Qué fiesta instituyó Dios para conmemorar la liberación de los israelitas de la tierra de Egipto?	77.	La Pascua (Éxodo 12:3-11)
78.	¿Qué milagro permitió a los israelitas salir de la tierra de Egipto?	78.	Dios dividió las aguas del Mar Rojo. (Éxodo 14:21 y 22)

PREGUNTAS	RESPUESTAS
79. ¿Qué ocurrió a los egipcios que seguían al pueblo israelita a través del Mar Rojo?	79. Las aguas se cerraron y todos murieron ahogados. (Éxodo 14:23-28)
80. ¿Cómo se llamaba la hermana de Moisés?	80. María (Éxodo 15:20)
81. ¿Qué mostró Dios a Moisés para que se endulzara el agua amarga de Mara?	81. Que debía echar un árbol a las aguas. (Éxodo 15:23-25)
82. ¿Cómo proveyó Dios comida a los israelitas en el desierto?	82. Dios envió maná y codornices. (Éxodo 16:4; 11-15)
83. ¿Qué milagro hizo Dios en Refidim a favor de Moisés?	83. Dios hizo brotar agua de la peña de Horeb. (Éxodo 17:1-6)
84. ¿Cómo ayudaron Aarón y Hur a que Israel ganara la victoria contra Amalec?	84. Sostuvieron las manos de Moisés. (Éxodo 17:8-13)
85. ¿Desde qué monte dio Dios los Diez Mandamientos a Moisés?	85. Sinaí (Éxodo 19:20)
86. Cita el primero de los Diez Mandamientos.	86. Éxodo 20:3 – "No tendrás dioses ajenos delante de mí."
87. Cita el mandamiento que prohíbe la adoración de ídolos.	87. Éxodo 20:4 – "No te harás imagen, ni ninguna semejanza de lo que esté arriba en el cielo, ni abajo en la tierra, ni en las aguas debajo de la tierra."

PREGUNTAS	RESPUESTAS
88. Cita el mandamiento que prohíbe el mal uso del nombre de Dios.	88. Éxodo 20:7 – "No tomarás el nombre de Jehová tu Dios en vano."
89. Cita el mandamiento que dice que debemos separar un día especial de la semana para consagrarlo a Dios.	89. Éxodo 20:8 – "Acuérdate del día de reposo para santificarlo."
90. Cita el mandamiento al que se refería Pablo al hablar del "primer mandamiento con promesa".	90. Éxodo 20:12 – "Honra a tu padre y a tu madre para que tus días se alarguen en la tierra que Jehová tu Dios te da." (Efesios 6:2 y 3)
91. Cita el mandamiento que protege el valor de la vida humana.	91. Éxodo 20:13 – "No matarás."
92. Cita el mandamiento que protege el carácter sagrado del matrimonio.	92. Éxodo 20:14 – "No cometerás adulterio."
93. Cita el mandamiento que prohíbe robar.	93. Éxodo 20:15 – "No hurtarás."
94. Cita el mandamiento que prohíbe decir mentira.	94. Éxodo 20:16 – "No hablarás contra tu prójimo falso testimonio."
95. Cita el mandamiento que prohíbe codiciar los bienes ajenos.	95. Éxodo 20:17 – "No codiciarás…cosa alguna de tu prójimo."
96. Da dos citas de la lista de los Diez Mandamientos.	96. Éxodo 20:1-17 y Deuteronomio 5:1-21

PREGUNTAS	RESPUESTAS
97. ¿Qué santuario especial construyeron los israelitas para adorar a Dios en el desierto?	97. El tabernáculo (Éxodo 25:8 y 9)
98. ¿Qué pecado cometieron Aarón y el pueblo de Israel en el monte Sinaí?	98. Hicieron y adoraron un becerro de oro. (Éxodo 32:1-6)
99. ¿De qué tribu de Israel eran escogidos los que servían en el ministerio del tabernáculo?	99. Leví (Números 1:47-53)
100. ¿Qué hacían los israelitas para la purificación de los pecados?	100. Ofrecían sacrificios de sangre de animales sin defecto ante Dios. (Levítico 17:11)
101. ¿Qué usó Dios para guiar a los israelitas en el desierto?	101. Una columna de nube de día y una columna de fuego de noche (Éxodo 13:21 y 22)
102. ¿Para qué envió Moisés doce espías a la tierra de Canaán?	102. Para reconocer la tierra y sus habitantes. (Números 13:17-20)
103. ¿Qué trajeron los espías como evidencia de lo que había en la tierra de Canaán?	103. Un gran racimo de uvas, granadas e higos (Números 13:23 y 24)
104. ¿Cuáles dos espías de entre los doce declararon que los israelitas podrían capturar la tierra de Canaán?	104. Josué y Caleb (Números 14:6-9)

ESCUDERO

PREGUNTAS   RESPUESTAS

105. ¿Cuántos años anduvieron los israelitas por el desierto?	105. 40 (Números 14:33 y 34)
106. ¿Cómo mostró Dios al pueblo de Israel que Moisés y Aarón eran sus líderes escogidos?	106. Hizo florecer la vara de Aarón. (Números 17:1-10)
107. ¿Cómo desobedeció Moisés a Dios en Meriba?	107. En vez de hablar a la peña para que brotara agua, la golpeó. (Números 20:7-13)
108. ¿Cómo proveyó Dios sanidad a los israelitas cuando las serpientes los mordieron?	108. Dios dijo a Moisés que hiciera una serpiente de bronce y la pusiera sobre una asta, y cuando alguno la mirara, viviría. (Números 21: 5-9)
109. ¿A quién eligió Dios para ocupar el puesto de Moisés como líder de Israel?	109. A Josué (Números 27:18-20)
110. ¿Por qué Moisés no pudo entrar a la tierra de Canaán?	110. Por desobedecer a Dios (Deuteronomio 32:48-52)
111. ¿Desde qué monte vio Moisés la Tierra Prometida?	111. Nebo (Deuteronomio 34:1)
112. ¿Cuántos años tenía Moisés cuando murió?	112. 120 (Deuteronomio 34:7)

PREGUNTAS	RESPUESTAS
113. ¿Quiénes fueron los únicos dos hombres que salieron de Egipto y no murieron antes de entrar a la tierra de Canaán?	113. Josué y Caleb (Números 26:65)
114. ¿Quién ocultó a los espías que Josué envió a Jericó?	114. Rahab (Josué 2:1-6)
115. ¿Qué señal usó Rahab para proteger su casa en la captura de Jericó?	115. Ató un cordón de grana a la ventana de su casa. (Josué 2:18-21; 6:17)
116. ¿Por medio de qué milagro entró el pueblo do Israel a la Tierra Prometida?	116. Dios detuvo la corriente del río Jordán durante la época en que suele desbordarse. (Josué 3:14-17)
117. ¿Cuántas veces marcharon los israelitas alrededor del muro de Jericó?	117. 13 – una vez cada día durante seis días y siete veces el séptimo día (Josué 6:3 y 4)
118. ¿Qué sucedió al muro de Jericó cuando el pueblo de Israel gritó con vehemencia como Josué les mandó?	118. Se derrumbó. (Josué 6:20)
119. ¿El pecado de quién causó la derrota en Hai?	119. Acán (Josué 7:1)
120. ¿Qué milagro ocurrió cuando Josué peleó en Gabaón?	120. El sol y la luna se detuvieron. (Josué 10:12 y 13)

PREGUNTAS	RESPUESTAS
121. ¿Quién era el líder que derrotó a los madianitas con sólo trescientos hombres?	121. Gedeón (Jueces 7:7)
122. ¿Qué juez tenía mucha fuerza cuando el Espíritu de Dios venía sobre él?	122. Sansón (Jueces 14:5 y 6)
123. ¿Cómo se llamaba la mujer que engañó a Sansón para descubrir el secreto de su fuerza?	123. Dalila (Jueces 16:4-21)
124. ¿Cómo se llamaba la joven moabita que decidió servir a Dios porque amaba a su suegra Noemí?	124. Rut (Rut 1:14-18)
125. ¿Quién era el descendiente de Rut que llegó a ser rey de Israel?	125. El rey David (Rut 4:13-17)
126. ¿Cómo se llamaba el joven que oyó la voz de Dios llamándolo en la noche?	126. Samuel (1 Samuel 3:2-10)
127. Al hablar Dios con Samuel ¿a quién dijo que El juzgaría?	127. A Elí (1 Samuel 3:11-14)
128. ¿Qué era el arca del pacto?	128. Un cofre de madera que contenía las tablas de la ley (Deuteronomio 10:1-5)
129. ¿Por qué quitó Dios a Saúl del trono de Israel?	129. Quería ser como las demás naciones. (1 Samuel 8:4 y 5)

PREGUNTAS	RESPUESTAS
130. ¿Quién fue el primer rey de Israel?	130. Saúl (1 Samuel 10:21)
131. ¿Por qué quitó Dios a Saúl del trono de Israel?	131. Por ser rebelde y testarudo (1 Samuel 15:23)
132. ¿A quién escogió Dios para reemplazar a Saúl como rey de Israel?	132. A David (1 Samuel 16:1-13)
133. ¿A qué gigante mató David?	133. A Goliat (1 Samuel 17:23-50)
134. ¿Por qué no mató David al rey Saúl?	134. Por ser Saúl el escogido de Dios (1 Samuel 24:6)
135. ¿Quién era el general del ejército de David?	135. Joab (2 Samuel 24:2)
136. ¿Cuántos años reinó David?	136. 40 (2 Samuel 5:4 y 5)
137. ¿Cómo se llamaba el mejor amigo de David?	137. 137. Jonatán (1 Samuel 18:1)
138. ¿Por qué mostró David bondad a Mefi-boset?	138. Por amor de Jonatán su padre (2 Samuel 9:1)
139. ¿Cuál de los hijos de David intentó quitarle el reino?	139. Absalón (2 Samuel 15:1-12)
140. ¿Cómo murió Absalón?	140. Se le enredó la cabeza en una encina y Joab lo mató. (2 Samuel 18:8-15)
141. ¿A quién escogió David para que reinara en su lugar?	141. A Salomón (1 Reyes 1:32-39)

PREGUNTAS		RESPUESTAS	
142.	¿Qué le pidió Salomón a Dios cuando heredó el reino?	142.	Sabiduría (1 Reyes 3:5-10)
143.	¿Qué edificio construyó Salomón para Dios?	143.	El primer templo (1 Reyes 6:1-3)
144.	¿Qué reina viajó desde lejos para visitar a Salomón?	144.	La reina de Sabá (1 Reyes 10:1)
145.	¿Qué le sucedió reino de Israel después de la muerte de Salomón?	145.	El reino se dividió en dos: Israel y Judá. (1 Reyes 12:16-24)
146.	¿Por qué estableció Jeroboam la adoración de ídolos en el reino del norte?	146.	Porque no quería que el pueblo fuera a la casa de Jehová en Jerusalén para ofrecer sacrificios. (1 Reyes 12:26-30)
147.	¿Para qué pidió Elías a Dios que consumiera el sacrificio con fuego?	147.	Para que el pueblo de Israel reconociera que Jehová era Dios. (1 Reyes 18:30-39)
148.	¿Quiénes fueron los esposos malvados que reinaron en Israel durante el tiempo de Elías?	148.	Acab y Jezabel (1 Reyes 16:30-33)
149.	¿A quién llevó Dios al cielo en un torbellino?	149.	A Elías (2 Reyes 2:11)
150.	¿Cómo se llamaba el profeta sucesor de Elías?	150.	Eliseo (2 Reyes 2:15)

PREGUNTAS	RESPUESTAS
151. ¿Cómo se llamaba el general del ejército de Siria que fue sanado de lepra al bañarse en el río Jordán como le mandó Eliseo?	151. Naamán (2 Reyes 5:10-14)
152. ¿A quién dio Dios la señal de la sombra como prueba de su sanidad?	152. A Ezequías (2 Reyes 20:8-11)
153. ¿Cómo se llamaba el rey de Babilonia que conquistó Jerusalén?	153. Nabucodonosor (2 Reyes 24:10-11)
154. ¿A qué ciudad fueron llevados cautivos muchos habitantes del pueblo de Judá?	154. A Babilonia (2 Reyes 24:10-14)
155. ¿Quién se encargó de supervisar la reconstrucción del templo al final del cautiverio babilónico?	155. Zorobabel (Esdras 3:8)
156. ¿Quién se encargó de supervisar la reedificación de los muros de Jerusalén al final del cautiverio babilónico?	156. Nehemías (Nehemías 2:13-18)
157. ¿Cómo se llamaba la joven judía que llegó a ser la esposa del rey de Persia?	157. Ester (Ester 2:16 y 17)
158. ¿Cómo salvó Ester al pueblo judío de la destrucción?	158. Intercedió por su pueblo ante su esposo, el rey Asuero. (Ester 7:1-6)

PREGUNTAS	RESPUESTAS
159. ¿Cómo se llamaba el hombre que perdió todas sus posesiones y aun su salud y sin embargo permaneció fiel a Dios?	159. Job (Job 1:7-22)
160. ¿Cómo recompensó Dios la fidelidad de Job?	160. Le dio el doble de las posesiones que había tenido y tuvo igual número de hijos que los que había perdido durante la prueba. (Job 42:10-13)
161. ¿A quién se conoce como el profeta llorón?	161. A Jeremías
162. ¿Quién interpretó el sueño del rey Nabucodonosor?	162. Daniel (Daniel 2:27-29)
163. ¿Por qué fueron echados en el horno de fuego ardiente Sadrac, Mesac, y Abed-nego?	163. Rehusaron postrarse y adorar la estatua del rey. (Daniel 3:14-18)
164. ¿Qué vio el Rey Nabucodonosor al caer dentro del horno de fuego las tres jóvenes hebreos?	164. Cuatro varones sueltos que se paseaban por en medio del fuego sin sufrir ningún daño (Daniel 3:25)
165. ¿Qué significaba la escritura que apareció en la pared durante la fiesta de Belsasar?	165. Que el reino de Belsasar había llegado a su fin. (Daniel 5:25-31)

PREGUNTAS	RESPUESTAS
166. ¿Por qué fue echado Daniel en el foso de los leones?	166. Por orar a Dios en vez de obedecer a la orden del rey Darío (Daniel 6:4-16)
167. ¿Quién fue tragado por un gran pez al tratar de huir de la presencia de Dios?	167. Jonás (Jonás 1:17)
168. ¿Qué sucedió cuando Jonás les predicó a los habitantes de Nínive?	168. Se arrepintieron de sus pecados y Dios los perdonó. (Jonás 3:5-10)
169. Según el profeta Miqueas¿dónde nacería el Mesías?	169. En Belén (Miqueas 5:2)
170. Según el profeta Zacarías¿dónde se afirmarán los pies de Jesús cuando regrese a la tierra?	170. Sobre el monte de los Olivos (Zacarías 14:4)
171. ¿Quién le dijo a María que ella sería la madre del Mesías?	171. El ángel Gabriel (Lucas 1:26-33)
172. ¿Quién se casó con María, la madre de Jesús?	172. José (Mateo 1:20-25)
173. ¿A quiénes anunciaron primero los ángeles el nacimiento de Jesús?	173. Pastores (Lucas 2:8-16)
174. ¿Qué oficio desempeñaban los hombres que adoraron al niño Jesús?	174. Pastores y magos (Lucas 2:16-20; Mateo 2:1 y 2)

PREGUNTAS	RESPUESTAS
175. ¿Qué preguntaron los magos cuando buscaban a Jesús?	175. "¿Dónde está el rey de los judíos, que ha nacido?" (Mateo 2:2)
176. ¿Quién gobernaba en Judea cuando nació Jesús?	176. El rey Herodes (Mateo 2:3)
177. ¿Cómo pudieron los magos encontrar a Jesús?	177. La estrella los guió hasta donde estaba Jesús. (Mateo 2:2, 9, y 10)
178. ¿Qué presentes trajeron a Jesús los magos?	178. Oro, incienso y mirra (Mateo 2:11)
179. ¿Dónde vivió Jesús durante su niñez?	179. En Nazaret (Mateo 2:19-23)
180. ¿A quién envió Dios a preparar el camino para Jesús?	180. A Juan el Bautista (Lucas 1:76; 3:2-4)
181. ¿En qué bautismo dijo Juan el Bautista que Jesús bautizaría a sus seguidores?	181. En el Espíritu Santo y fuego (Mateo 3:11)
182. ¿Con qué palabras presentó a Jesús Juan el Bautista?	182. "He aquí el Cordero de Dios, que quita el pecado del mundo." (Juan 1:29)
183. ¿Qué le dijo Andrés a su hermano Simón Pedro después de conocer a Jesús?	183. "Hemos hallado al Mesías." (Juan 1:40 y 41)
184. ¿Dónde bautizó a Jesús Juan el Bautista?	184. En el río Jordán (Mateo 3:13)

PREGUNTAS	RESPUESTAS
185. ¿Cómo mostró Dios la aprobación de su Hijo durante el bautismo de Jesús?	185. El Espíritu Santo descendió sobre El y el Padre dijo: "Este es mi Hijo amado, en quien tengo complacencia." (Mateo 3:16 y 17)
186. ¿Cuántos días ayunó Jesús en el desierto?	186. 40 días y 40 noches (Mateo 4:2)
187. ¿Cuántos años tenía Jesús cuando comenzó su ministerio?	187. Alrededor de 30 (Lucas 3:23)
188. ¿Cuánto tiempo predicó y enseño Jesús antes de ser crucificado?	188. Alrededor de tres años y medio
189. ¿Quiénes fueron los primeros cuatro discípulos que Jesús llamó para que lo siguieran?	189. Simón Pedro, Andrés, Jacobo y Juan (Mateo 4:18-22)
190. ¿Cuál de los discípulos era publicano, o cobrador de impuestos?	190. Mateo (Mateo 10:3)
191. ¿Cuál fue el primer milagro que hizo Jesús?	191. Convirtió el agua en vino en las bodas de Caná. (Juan 2:1-11)
192. ¿Cómo se llamaba el fariseo que fue a Jesús de noche buscando el camino de la vida eterna?	192. Nicodemo (Juan 3:1, 2)

PREGUNTAS	RESPUESTAS
193. ¿Cómo llamamos comúnmente la primera parte del sermón del monte de Jesús, cuyas enseñanzas todas comienzan con la palabra "bienaventurados"?	193. Las bienaventuranzas (Mateo 5:3-12)
194. ¿Cómo demostró Jesús que tenía poder sobre la naturaleza?	194. Calmó la tempestad en el mar de Galilea. (Mateo 8:23-27)
195. ¿Qué regalo extraño pidió Salomé a su padrastro, el rey Herodes?	195. La cabeza de Juan el bautista (Mateo 14:6-11)
196. ¿De qué manera especial se reveló Jesús a Pedro, Jacobo, y Juan cuando los llevó aparte a un monte alto?	196. Jesús se transfiguró ante ellos y les dejó ver su gloria: su rostro resplandecía como el sol y su ropa brillaba como la luz y habló con Moisés y con Elías. (Mateo 17:1-6)
197. ¿Por qué el joven rico no siguió a Jesús?	197. Porque amaba más sus posesiones que a Jesús. (Mateo 19:16-22)
198. Qué profetizó Jesús que le sucedería al Templo?	198. Que no quedaría piedra sobre piedra que no fuera derribada (Marcos 13:1 y 2)
199. Cita la declaración que hizo Pedro acerca de Jesús.	199. Mateo 16:16 – "Tú eres el Cristo, el Hijo del Dios viviente."

PREGUNTAS	RESPUESTAS
200. ¿Cuáles tres discípulos siguieron a Jesús más de cerca que los demás?	200. Pedro, Jacobo y Juan (Mateo 17:1)
201. ¿Con qué compara Jesús al hombre insensato que edificó su casa sobre la arena?	201. Con el que oye sus palabras pero no los hace (Mateo 7:26)
202. ¿Con qué compara Jesús al hombre prudente que edificó su casa sobre la roca?	202. Con el que oye sus palabras y las hace (Mateo 7:24)
203. En una de las parábolas que contó Jesús,¿quién fue el que auxilió al hombre que había sido atacado y robado?	203. El buen samaritano (Lucas 10:30-37)
204. En la parábola del sembrador¿a qué comparó Jesús la semilla?	204. A la Palabra de Dios (Lucas 8:11)
205. ¿Qué usó Jesús para alimentar a los cinco mil?	205. Cinco panes de cebada y dos pececillos (Juan 6:1-9)
206. Cita qué respondió Jesús a los que preguntaron, "¿Qué debemos hacer para poner en práctica las obras de Dios?"	206. Juan 6:29 – "Esta es la obra de Dios, que creáis en el que él ha enviado."
207. ¿Qué hizo Jesús para sanar al hombre ciego de nacimiento?	207. Untó con lodo los ojos del hombre ciego y lo mandó a que se lavara. (Juan 9:1-7)

PREGUNTAS	RESPUESTAS
208. ¿Cuál de las parábolas de Jesús enseña que Dios desea perdonar y restaurar al pecador que se arrepiente?	208. El hijo pródigo (Lucas 15:11-24)
209. ¿Cómo contestó Jesús la pregunta acerca del pago de impuestos?	209. "Dad, pues, a César lo que es de César, y a Dios lo que es de Dios." (Mateo 22:23)
210. ¿Quién se subió a un árbol para poder ver a Jesús?	210. Zaqueo (Lucas 19:1-6)
211. ¿En qué animal montó Jesús al hacer su entrada triunfal a Jerusalén?	211. En un pollino (Marcos 11:7)
212. Durante la última cena,¿cómo mostró Jesús a sus discípulos la importancia de ser humilde?	212. Les lavó los pies a sus discípulos. (Juan 13:1-17)
213. ¿Dónde oró Jesús toda la noche antes de su crucifixión?	213. En el huerto de Getsemaní (Mateo 26:36)
214. ¿Qué discípulo traicionó a Jesús?	214. Judas Iscariote (Marcos 14:10 y 11)
215. Cuando Judas traicionó a Jesús,¿cómo señaló a los soldados la identidad del maestro?	215. Con un beso (Mateo 26:49)
216. ¿Qué profetizó Jesús que Pedro haría la noche en que El sería traicionado?	216. Que Pedro lo negaría tres veces antes que el gallo cantara. (Mateo 26:34)

PREGUNTAS	RESPUESTAS
217. ¿Cómo se llamaba el criminal que la multitud pidió a Pilato que soltara en lugar de soltar a Jesús?	217. Barrabás (Mateo 27:15-21)
218. ¿Qué significa la palabra "Gólgota"?	218. Lugar de la Calavera (Mateo 27:33)
219. ¿Qué título puso Pilato sobre la cruz de Jesús?	219. Jesús Nazareno, Rey de los Judíos (Juan 19:19)
220. ¿Cómo murió Jesús?	220. Clavado en una cruz (Lucas 23:33-46)
221. ¿Qué cambios ocurrieron en la naturaleza cuando Jesús fue crucificado?	221. El sol se oscureció, tembló la tierra y las rocas se partieron. (Mateo 27:45-51)
222. ¿Qué exclamó el centurión romano que guardaba a Jesús cuando ocurrió el terremoto?	222. "Verdaderamente éste era Hijo de Dios." (Mateo 27:54)
223. ¿Quiénes sepultaron a Jesús?	223. José de Arimatea y Nicodemo (Juan 19:38-42)
224. ¿Quién fue la primera persona que vio a Jesús vivo después de su resurrección?	224. María Magdalena (Juan 20:1, 11-18)
225. ¿Cómo fue posible que las mujeres entraran al sepulcro de Jesucristo?	225. Un ángel había movido la piedra. (Mateo 28:2)

PREGUNTAS	RESPUESTAS
226. ¿Cómo se llamaba el discípulo que al principio dudó de la resurrección de Jesús?	226. Tomás (Juan 20:24-29)
227. ¿Qué le sucedió a Jesús a los cuarenta días de haber resucitado, mientras hablaba con sus discípulos?	227. Viéndolo sus discípulos, Jesús fue alzado y lo recibió una nube que lo ocultó. (Hechos 1:15)
228. ¿Quién fue escogido para reemplazar a Judas como apóstol y unirse a los once?	228. Matías (Hechos 1:24-26)
229. ¿Alrededor de cuántas personas se encontraban reunidas en el aposento alto esperando la llegada del Espíritu Santo?	229. 120 (Hechos 1:15)
230. ¿Qué don de Dios recibió la Iglesia el Día de Pentecostés?	230. El bautismo en el Espíritu Santo (Hechos 2:1-4)
231. ¿Qué profeta del Antiguo Testamento predijo que Dios derramaría de su Espíritu Santo en los postreros días?	231. Joel (Joel 2:28)
232. ¿Cuántas personas fueron salvas el Día de Pentecostés como resultado del sermón de Pedro?	232. Alrededor de tres mil (Hechos 2:41)

PREGUNTAS	RESPUESTAS
233. Cita lo que Pedro dijo al hombre cojo que estaba a la puerta la Hermosa en el templo.	233. hechos 3:6 – "No tengo ni plata ni oro, pero lo que tengo te doy; en el nombre de Jesucristo de Nazaret, levántate y anda."
234. ¿Qué pecado cometieron Ananías y Safira?	234. Mintieron al Espíritu Santo. (Hechos 5:3)
235. Al ver el denuedo de Pedro y Juan los líderes del pueblo judío,¿cómo reaccionaron?	235. Se maravillaban y les reconocían que habían estado con Jesús. (Hechos 4:13)
236. ¿Quién fue el primer mártir de la fe cristiana?	236. Esteban (Hechos 7:59 y 60)
237. Según los datos históricos de la iglesia,¿cuántos de los apóstoles dieron la vida por su fe?	237. Todos, menos Juan
238. ¿A qué iba Saulo de Tarso rumbo a Damasco?	238. A arrestar a los creyentes (Hechos 9:1 y 2)
239. ¿Qué sucedió a Saulo de Tarso al llegar cerca de Damasco?	239. Lo rodeó un resplandor y Jesús le habló. (Hechos 9:3-9)
240. ¿Quién fue resucitada de los muertos en respuesta a la oración de Pedro?	240. Tabita (o Dorcas) (Hechos 9:36-41)

PREGUNTAS	RESPUESTAS
241. ¿Cómo se llamaba el centurión romano que mandó a buscar a Pedro para que le predicara el evangelio?	241. Cornelio (Hechos 10:1)
242. ¿Qué sucedió mientras Pedro predicaba el evangelio en casa de Cornelio?	242. El Espíritu Santo cayó sobre todos los que oían el discurso y hablaban en lenguas y magnificaban a Dios. (Hechos 10:44-46)
243. ¿En qué ciudad los seguidores de Jesús fueron llamados cristianos por primera vez?	243. Antioquía (Hechos 11:26)
244. ¿Cómo escapó Pedro de la prisión el día antes de ser ejecutado por mandato de Herodes?	244. Un ángel abrió las puertas de la cárcel. (Hechos 12:6-11)
245. ¿Quién acompañó a Pablo en su primer viaje misionero?	245. Bernabé (Hechos 13:1-4)
246. ¿Qué le sucedió a Pablo en Listra después que la gente creyó que él era un dios?	246. Lo apedrearon y lo dejaron por muerto, pero Dios lo levantó. (Hechos 14:11-20)
247. ¿Cómo supo Pablo que debía ir a predicar a Macedonia?	247. Dios le mostró en una visión a un hombre de Macedonia que le rogaba que fuera a ayudarlos. (Hechos 16:9 y 10)

PREGUNTAS	RESPUESTAS
248. ¿Quiénes fueron los principales ayudantes de Pablo durante su segundo viaje misionero?	248. Silas y Timoteo (Hechos 15:40 y 41; 1:1-5)
249. ¿Quién escribió el libro de los Hechos?	249. Lucas (Lucas 1:3; Hechos 1:1)
250. ¿Cuál era la profesión de Lucas?	250. Médico (Colosenses 4:14)
251. ¿Qué le dijo Pablo al carcelero en Filipos que debía hacer para ser salvo?	251. "Cree en el Señor Jesucristo, y serás salvo, tú y tu casa." (Hechos 16:31)
252. ¿Cómo se llamaban los que trabajaban con Pablo haciendo tiendas y lo ayudaron en Corinto?	252. Priscila y Aquila (Hechos 18:1-3)
253. ¿Qué hicieron los efesios con sus libros de magia para mostrar que habían creído en Jesús?	253. Los quemaron todos. (Hechos 19:18 y 19)
254. ¿Cómo se llamaba el rey que dijo que Pablo casi lo había persuadido a ser cristiano?	254. Agripa (Hechos 26:28)
255. ¿Trata Dios igual a todos los hombres?	255. Sí, Dios no hace acepción de personas. (Romanos 2:11)
256. ¿Por qué dio Dios la ley?	256. Para que el hombre reconociera lo que era el pecado. (Romanos 3:20)

PREGUNTAS	RESPUESTAS
257. Cita el versículo que dice cuál es la paga del pecado.	257. Romanos 6:23 – "Porque la paga del pecado es muerte, mas la dádiva de Dios es vida eterna en Cristo Jesús Señor nuestro."
258. ¿Por qué murió Jesús en la cruz?	258. Para salvarnos de nuestros pecados. (1 Corintios 15:3)
259. En la epístola a los Efesios,¿qué mandamiento da Pablo a los hijos?	259. "Hijos, obedeced en el Señor a vuestros padres, porque esto es justo." (Efesios 6:1)
260. ¿Por qué debemos vestirnos con toda la armadura de Dios?	260. Para que podamos estar firmes y resistir todos los ataques del diablo. (Efesios 6:11)
261. ¿Qué representa la coraza de la armadura del creyente?	261. La justicia (Efesios 6:14)
262. ¿Qué se usa en la armadura del creyente para calzar los pies?	262. El apresto del evangelio de la paz (Efesios 6:15)
263. ¿Qué representa el escudo de la armadura del creyente?	263. La fe (Efesios 6:16)
264. ¿Qué representa el yelmo de la armadura del creyente?	264. La salvación (Efesios 6:17)
265. ¿Qué debe usar el creyente para apagar los dardos de fuego de Satanás?	265. El escudo de la fe (Efesios 6:16)

PREGUNTAS	RESPUESTAS
266. ¿Qué es la espada del Espíritu?	266. La Palabra de Dios (Efesios 6:17)
267. ¿Cuándo debe regocijarse el cristiano?	267. Siempre (Filipenses 4:4)
268. ¿Cómo se llamaba el joven pastor a quien Pablo escribió dos cartas que también son libros de la Biblia?	268. Timoteo
269. ¿Cómo se llamaba el esclavo que Pablo trajo a los pies de Cristo mientras estuvo en la cárcel?	269. Onésimo (Filemón 10:13)
270. ¿Por qué amamos a Dios?	270. Porque El nos amó primero. (1 Juan 4:19)
271. ¿Qué mostró Dios a Juan en la isla de Patmos?	271. Las cosas que pronto han de suceder. (Apocalipsis 1:1)
272. ¿Qué es un apóstol?	272. Un mensajero especial enviado por Dios
273. ¿Qué es fe?	273. Creer y confiar plenamente en Dios.
274. ¿Qué es doctrina?	274. Enseñanza (Efesios 4:14; 2 Tesalonicenses 2:15)
275. ¿Qué es pecar?	275. Rehusar hacer la voluntad de Dios como nos ha sido revelada en su Palabra y por su Espíritu. (Romanos 1:20-23)

PREGUNTAS	RESPUESTAS
276. ¿Qué es gracia?	276. El amor, aceptación, y perdón que Dios nos ofrece libremente. (Efesios 2:8)
277. ¿Qué es la redención?	277. Liberación del pecado por medio de la sangre de Jesucristo. (Efesios 1:7)
278. ¿Qué es la muerte física?	278. La separación del cuerpo y del espíritu. (Santiago 2:26)
279. ¿Qué es un profeta?	279. Una persona escogida por Dios para dar un mensaje que El indicaba.
280. ¿Quiénes son los ángeles?	280. Seres espirituales creados por Dios. (Hebreos 1:14)
281. ¿Qué quiere decir que Dios es inmutable?	281. Que Dios no cambia; El es siempre igual. (Santiago 1:17; hebreos 13:8)
282. ¿Qué es un discípulo?	282. Uno que sigue a Jesucristo y obedece sus mandamientos. (Hechos 6:7)
283. ¿Qué es la oración?	283. El diálogo entre Dios y una persona.
284. ¿Qué es la alabanza?	284. El culto o la reverencia que se rinde a Dios por lo que El ha hecho. (Salmo 148)

PREGUNTAS	RESPUESTAS
285. ¿Qué es la adoración?	285. La expresión más profunda de amor a Dios por ser quién es. (Juan 4:24)
286. ¿Qué significa arrepentirse?	286. Cambio de la mente y del corazón respecto al pecado.
287. ¿Qué es la justificación?	287. El acto judicial de Dios que hace justa a una persona que cree en Jesucristo.
288. ¿Qué es la santificación?	288. Separarse del pecado y apartarse para servir a Dios. (1 Tesalonicenses 4:3)

Guardianes del Tesoro

Arquero

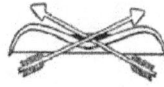

PREGUNTAS	RESPUESTAS
289. ¿Cómo nos dio Dios la Biblia?	289. El Espíritu Santo impulsó a hombres santos a excribir por revelación e inspiración divinal. (2Timoteo 3:16; 2 Pedro 1:21)
290. ¿Qué se entiende al decir que la Biblia es infalible?	290. Que la Biblia es completamente fidedigna y no contiene erroes. (Salmo 119:140)
291. ¿Qué damos a entender cuando decimos que la Biblia es inspirada verbalmente?	291. Dios dio a los escritores tanto la verdad como las palabras que habían de ser escritas. (2Timeteo 3:16; 2 Pedro 1:21)
292. ¿Qué damos a entender cuando decimos que la Biblie es nuestra regla de fe y conducta?	292. La Biblia tiene el derecho de dictar qué debemos creeer y qué debemos creer y qué debemos hacer.
293. Cita el versículo que dice el tiempo que durará la Palabra de Dios.	293. Mateo 24:35 -"El cielo y la tierra pasarán, pero mis palabras no pasarán."
294. Cita el versículo que señala la importancia de aprender de memoria versículos bíblicos.	294. Salmos 119:11 -" En me corazón he guardado tus dichos, para no pecar contra ti."

PREGUNTAS	RESPUESTAS
295. ¿Cómo declara la Biblia ser inspirada por Dios?	295. Al usar expresiones como "Dios dijo"
296. ¿Cuál porción de la Biblia se conoce como el "capítulo del amor"?	296. Primera de Corintios 13
297. ¿Quién escribió los cinco primeros libros de la Biblia?	297. Moisés
298. Cita los cuatro profetas mayores del Antiguo Testamento	298. Isaías, Jeremías, Daniel, y Ezequiel
299. ¿Qué significa primogenitura?	299. La bendición especial de Dios que heredaba el primer hijo de toda familia hebrea.
300. ¿Qué es una parábola?	300. Relato de una historia terrenal con un significado celestial.
301. Identifica las cuatro divisiones principales del Antigua Testamento.	301. La ley, los libros históricos, los poéticos, y los proféticos
302. ¿Cómo se llamaba el rey que era muy sabio y que escribió la mayor parte del libro de Proverbios?	302. El rey Salomón

PREGUNTAS	RESPUESTAS
303. ¿Cuál es el tema principal de la epístola a los Hebreos?	303. Que Jesús es un mejor mediador entre Dios y el hombre que los sacerdotes del Antiguo Testamento.
304. ¿Cuál de los cuatro evangelios comprueba que Jesús es el Mesías al citar el cumplimiento en El de muchas de las profecías del Antigua Testamento?	304. San Mateo
305. ¿Qué dos libros del antiguo Testamento relatan la historia del pueblo judío a partir de su regreso de la cautividad babilónica?	305. Esdras y Nehemías
306. ¿Quiénes son las tres personas que componen la Trinidad?	306. Dios Padre, Dios Hijo y Dios Espíritu Santo (Mateo 28:19)
307. ¿Qué se entiende al decir que Dios es eterno?	307. Que no tiene principio ni fin, que siempre ha sido, es y será. (Apocalipsis 1:8)
308. ¿Qué indica la declaración "Dios es omnipresente"?	308. Que Dios está presente en todo lugar al mismo tiempo. (Salmo 139:7-10)

PREGUNTAS	RESPUESTAS
309. ¿Qué significa que Dios es omnipotente?	309. Que tiene todo poder y autoridad.
310. ¿Qué quiere decir que Dios es omnisciente?	310. Que tiene plena sabiduría y conocimiento de todas las cosas.
311. ¿En Hebreos 11:3, entendemos por fe que el mundo fue creado de qué manera?	311. Por la palabra de Dios el mundo visible fue creado de lo invisible.
312. ¿Qué es el principio de la sabiduría?	312. El temor de Dios (Proverbios 9:10)
313. Cita el versículo que explica cómo espera Dios ser adorado?	313. Juan 4:24 – "Dios es Espíritu; y los que le adoran, en espíritu y en verdad es necesario que adoren."
314. Cita el versículo que enseña que Jesús siempre ha sido Dios.	314. Juan 1:1 "En el principio era el Verbo, y el Verbo era con Dios, y el Verbo era Dios."
315. ¿Qué título se refiere a la deidad de Jesús?	315. Hijo de Dios
316. ¿Qué título se refiere a la humanidad de Jesús,?	316. Hijo del Hombre
317. Cita el versículo que dice que Jesús nunca cambia.	317. Hebreos 13:8 – "Jesucristo es el mismo ayer, y hoy, y por los siglos."

PREGUNTAS	RESPUESTAS
318. Cita el versículo que indica que Jesucristo tomó parte en la creación.	318. Juan 1:3 – "Todas las cosas por él nada de lo que ha sido hecho, fue hecho."
319. Cuántas profecías del Antiguo Testamento se cumplieron durante la vida, muerte y resurrección de Jesús?	319. Más de trescientas
320. Cita el versículo en el que Dios promete por primera vez que enviaría un Salvador.	320. Génesis 3:15 – "Y pondré enemistad entre ti y la mujer, y entre tu simiente y la simiente suya; ésta te herirá en la cabeza, y tu le herirás en el calcañar."
321. ¿Cómo se cumplió la promesa de Génesis 3:15?	321. Jesucristo triunfó sobre el poder de Satanás a través de su muerte y resurrección. (Colosenses 2:13-15)
322. ¿Qué prometió Dios a Abram en Génesis 12:3?	322. Que por medio de él todas las familias de la tierra serían bendecidas.
323. ¿En quién se cumplió la promesa que Dios le hizo a Abraham de que a través de él bendeciría a todos?	323. Jesucristo (Gálatas 3:14)

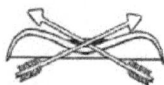

PREGUNTAS	RESPUESTAS
324. ¿Qué afirma la doctrina de la encamación de Dios?	324. Que dios el Hijo se hizo carne. (Juan 1:14)
325. Cita el versículo en Juan que enseña por qué vino Jesús al mundo.	325. Juan 10:10 – "Yo he venido para que tengan vida, y para que la tengan en abundancia."
326. Cita el versículo en Lucas que enseña por qué vino Jesús al mundo.	326. Lucas 19:10 – "Porque el Hijo del Hombre vino a buscar y a salvar lo que se había perdido."
327. ¿Cómo venció Jesús las tentaciones de Satanás?	327. Por medio de la Palabra de Dios (Mateo 4:1-11)
328. ¿Qué importancia tiene la doctrina del nacimiento virginal de Jesús?	328. Que Jesús no tuvo padre humano. Debido a su concepción sobrenatural, Jesús era totalmente Dios y totalmente hombre. (Mateo 1:23; Lucas 1:31-35)
329. Cita el versículo en que Dios indicó a José qué nombre debía dar al hijo de María.	329. Mateo 1:23 – "Y llamarás su nombre JESUS, porque él salvará a su pueblo de sus pecados."
330. ¿Qué significa el nombre "Jesús"?	330. El Señor salva. (Mateo 1:21)

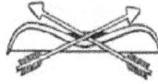

PREGUNTAS	RESPUESTAS
331. ¿Qué significa la palabra "Cristo"?	331. Mesías, el ungido de Dios (Juan 4:25)
332. ¿Con qué ungió Dios a Jesús?	332. Con el Espíritu Santo y con poder (Hechos 10:38)
333. ¿Qué es la blasfemia contra el Espíritu Santo?	333. Atribuir las obras del Espíritu Santo a Satanás.
334. Cita el versículo donde Jesús explica la diferencia entre su bautismo y el bautismo de Juan.	334. Hechos 1:5 – "Porque Juan ciertamente bautizó con agua, mas vosotros seréis bautizados con el Espíritu Santo dentro de no muchos días."
335. En la parábola del redil, ¿qué dice Jesús que el buen pastor hace por sus ovejas?	335. Da su vida por las ovejas. (Juan 10:11)
336. ¿Por qué es imprescindible para nuestra salvación el hecho de que Jesucristo vivió sin pecado?	336. Sólo un sacrificio perfecto era capaz de rescatar la humanidad pecaminosa. (2Corintios 5:21; 1Pedro 1;18 y 19)
337. ¿Qué probó la resurrección de Cristo?	337. Que El es verdaderamente Hijo de Dios y Salvador. (Romanos 1:4)

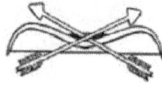

PREGUNTAS	RESPUESTAS
338. ¿Cuán importante es la doctrina de la resurrección para nuestra fe cristiana?	338. Si Cristo no hubiera resucitado, nuestra fe sería vana. (1Corintios 15:17)
339. ¿Cuántas personas vieron a Jesús después que resucitó?	339. Más de 500 (1Corintios 15:6)
340. ¿Cuánto tiempo anduvo y habló Jesús con sus discípulos después de resucitar?	340. 40 días (Hechos 1:3)
341. ¿Dónde está Jesús ahora y qué está haciendo?	341. Está sentado a la diestra del Padre intercediendo por los creyentes. (Romanos 8:34)
342. Cita el versículo en el capítulo 22 del libro de Apocalipsis que comienza con las palabras "Yo soy".	342. Apocalipsis 22:13 – "Yo soy el Alfa y la Omega, el principio y el fin, el primero y el último."
343. ¿Cómo creó Dios al hombre?	343. Lo creó del polvo de la tierra y sopló en él aliento de vida. (Génesis 2:7)
344. ¿Cómo creó Dios a la mujer?	344. La creó de una de las costillas de Adán. (Génesis 2:21 y 22)

PREGUNTAS	RESPUESTAS
345. ¿En qué sentido fue creado el hombre a imagen de Dios?	345. Dios creó al hombre con una naturaleza espiritual que le permite razonar, escoger, conocer, amar y servir a Dios. (Génesis 1:27)
346. Cuando Adán y Eva pecaron, ¿de qué vestimenta los proveyó Dios?	346. Túnicas de pieles (Génesis 3:21)
347. ¿Qué significa "pecado original"?	347. El estado y condición de pecado en que nacen los seres humanos. (Romanos 5:12)
348. ¿Cuál era el ministerio principal del sacerdote en los tiempos del Antiguo Testamento?	348. Interceder y ofrecer sacrificios por el pueblo ante Dios para expiar los pecados. (Hebreos 5:1)
349. Según 1 Juan 3:4, ¿qué es pecado?	349. Infracción de la ley (1 Juan 3:4)
350. Según Santiago 4:17, ¿qué es pecado?	350. Saber lo bueno y no hacerlo. (Santiago 4:17)
351. Cita el versículo que contesta la pregunta: ¿Han pecado todos los hombres?	351. Romanos 3:23 – "Por cuanto todos pecaron, y están destituidos de la gloria de Dios."

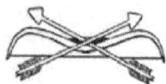

PREGUNTAS	RESPUESTAS
352. ¿Qué quiere decir Pablo cuando proclama que todos han pecado y están destituidos de la gloria de Dios?	352. Que todo ser humano queda separado de Dios a causa de sus pecados. (Romanos 3:23)
353. Según Romanos 8:31 y 32, ¿cómo podemos saber que Dios está de nuestra parte?	353. Porque El no vaciló en entregar a su propio Hijo Jesucristo para que muriera pos nosotros.
354. Cita el versículo de Romanos 5 que indica la prueba mayor del amor de Dios para con nosotros.	354. Romanos 5:8 – "Mas Dios muestra su amor para con nosotros, en que siendo aún pecadores, Cristo murió por nosotros."
355. Cita el versículo en que Jesús le dice a Nicodemo lo que es necesario hacer para ver el reino de Dios.	355. "De cierto, de cierto te digo, que el que no naciere de nuevo, no puede ver el reino de Dios." (Juan 3:3)
356. ¿Qué significa "nacer de nuevo"?	356. Experimentar la regeneración del Espíritu, o sea, el acto divino que hace hijo de Dios al que cree en Cristo. (Juan 3:4-6; 2 Corintios 5:17)

PREGUNTAS	RESPUESTAS
357. Cita el versículo de Romanos que contrasta el resultado del pecado con la gracia que Dios ofrece.	357. Romanos 6:23 – "Porque la paga del pecado es muerte, mas la dádiva de Dios es vida eterna en Cristo Jesús Señor nuestro."
358. ¿Qué es la voluntad de Dios con respecto a la salvación de la humanidad?	358. Que todos los hombres sean salvos. (1 Timoteo 2:4)
359. ¿Cuál es el único pecado que no será perdonado?	359. Blasfemar contra el Espíritu Santo. (Marcos 3:29 y 30)
360. ¿A quiénes resiste Dios y a quiénes da gracia?	360. Dios resiste a los soberbios y da gracia a los humildes. (Santiago 4:6)
361. En la parábola del fariseo y el publicano, ¿cómo oró el publicano?	361. "Dios, ten misericordia de mí, pecador." (Lucas 18:31)
362. Cita el versículo que expresa las palabras del hijo pródigo a su padre al regresar a su casa.	362. Lucas 15:21 – "Padre, he pecado contra el cielo y contra ti, y ya no soy digno de ser llamado tu hijo."
363. ¿Qué importancia tiene la sangre de Jesucristo para nuestra salvación?	363. Sin derramamiento de sangre no hay remisión o perdón de nuestros pecados. (Hebreos 9:22)

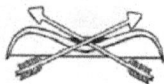

PREGUNTAS	RESPUESTAS
364. Para el creyente, ¿qué significa "expiación vicaria" de Jesucristo?	364. Que no seremos castigados por nuestros propios pecados porque El, al morir en la cruz, sufrió nuestro castigo. (1 Pedro 2:24)
365. Cita el versículo de Romanos 1 que expresa el poder del evangelio.	365. Romanos 1:16 – "Porque no me avergüenzo del evangelio, porque es poder de Dios para salvación a todo aquel que cree."
366. Cita el versículo de Efesios 2 que dice cómo ser salvos.	366. Efesios 2:8 – "Porque por gracia sois salvos por medio de la fe; y esto no de vosotros, pues es don de Dios."
367. ¿Qué significa la palabra "adopción" en lo que respecta a nuestra salvación?	367. Que todos los privilegios de ser hijo de Dios, incluyendo el heredar la vida eterna, nos han sido restaurados a través de Cristo. (Romanos 8:15-17)

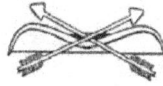

PREGUNTAS	RESPUESTAS
368. Si somos salvos por gracia y no por obras, entonces ¿por qué debemos los cristianos hacer buenas obras?	368. No hacemos buenas obras ni obedecemos los mandamientos de Dios para ser salvos, sino porque ya lo somos y así mostramos nuestro amor hacia Dios. (Efesios 2:10)
369. Cita el versículo que menciona las tres virtudes cristianas de mayor importancia.	369. 1 Corintios 13:13 – "Y ahora permanecen la fe, la esperanza y el amor, estos tres; pero el mayor de ellos es el amor."
370. Según Hebreos 11:6, ¿qué debe creer el hombre que se acerca a Dios?	370. Debe creer que Dios existe y que El recompensa a los que lo buscan. (Hebreos 11:6)
371. Cita el mandamiento que según Jesús es el más importante.	371. Marcos 12:30 – "Y amarás al Señor tu Dios con todo tu corazón, y con toda tu alma, y con toda tu mente y con todas tus fuerzas. Este es el principal mandamiento."

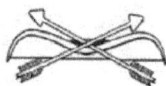

PREGUNTAS	RESPUESTAS
372. Cita el mandamiento que Jesús señaló como el segundo en importancia.	372. Marcos 12:31 – "Y el segundo es semejante: Amarás a tu prójimo como a ti mismo. No hay otro mandamiento mayor que éstos."
373. Cita el versículo en que Jesús enseña la mayor muestra de amor que uno puede dar.	373. Juan 15:13 – "Nadie tiene mayor amor que este, que uno ponga su vida por sus amigos."
374. Cita las instrucciones de Jesús para mostrar nuestro amor por El.	374. Juan 14:15 – "Si me amáis, guardad mis mandamientos."
375. Cita el versículo de Juan capítulo 13 que expresa la evidencia mencionada por Cristo de que somos sus discípulos.	375. Juan 13:35 – "En esto conocerán todos que sois mis discípulos, si tuviereis amor los unos con los otros."
376. Cita el versículo de 1 Juan que menciona la necesidad de que un creyente muestre amor.	376. 1 Juan 4:8 – "El que no ama, no ha conocido a Dios; porque Dios es amor."
377. ¿Cuán necesario es vivir una vida en paz y santidad?	377. A menos que vivamos en paz y santidad no podremos ver al Señor. (Hebreos 12:14)
378. ¿Por qué debemos tener cuidado de lo que pensamos?	378. Porque llegamos a ser lo que pensamos. (Proverbios 23:7)

PREGUNTAS	RESPUESTAS
379. ¿Por qué debe el creyente mantenerse puro en cuerpo y espíritu?	379. Porque nuestro cuerpo y espíritu son templo del Espíritu Santo. (1Corintios 6:19 y 20)
380. Cita lo que dice Santiago que debemos hacer para no engañarnos.	380. Santiago 1:22 – "Pero sed hacedores de la palabra, y no tan solamente oidores, engañándoos a vosotros mismos."
381. ¿Por qué fueron considerados nobles los judíos en Berea?	381. Porque recibieron la palabra con toda solicitud, escudriñando cada día las Escrituras. (Hechos 17:10-12)
382. Cita el versículo de 1 Tesalonicenses 5 que explica cuándo debe el creyente dar gracias a Dios.	382. 1 Tesalonicenses 5:18 – "Dad gracias en todo, porque esta es la voluntad de Dios para con vosotros en Cristo Jesús."
383. Según Eclesiastés 12:1, ¿cuándo debe uno empezar a buscar a Dios?	383. Debe buscar a Dios y acordarse de El en los días de su juventud. (Eclesiastés 12:1)
384. Cita el versículo con las palabras de Pablo a Timoteo acerca de la verdadera prosperidad.	384. 1 Timoteo 6:6 – "Pero gran ganancia es la piedad acompañada de contentamiento."

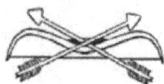

PREGUNTAS	RESPUESTAS
385. Cita la "regla de oro".	385. Mateo 7:12 – "Así que, todas las cosas que queráis que los hombres hagan con vosotros, así también haced vosotros con ellos."
386. Cita el versículo de Filipenses que expresa la actitud que el creyente debe tener hacia la vida y hacia la muerte.	386. Filipenses 1:21 – "Porque para mí el vivir es Cristo, y el morir es ganancia."
387. Cita la regla que según el libro de los Proverbios debemos observar para evitar problemas con los demás.	387. Proverbios 15:1 – "La blanda respuesta quita la ira; mas la palabra áspera hace subir el furor."
388. ¿Cómo debemos considerar a los maestros, a los policías y a los demás funcionarios del gobierno?	388. Debemos respetarlos y obedecer las leyes porque la autoridad civil ha sido establecida por Dios. (Romanos 13:1 y 2)
389. ¿Cómo debemos considerar a nuestros maestros de escuela dominical, a nuestro pastor y a los demás líderes de la iglesia?	389. Debemos obedecerles porque son responsables ante Dios por nuestra alma. (Hebreos 13:17)
390. ¿Qué significa interceder?	390. Orar a Dios a favor de otros

PREGUNTAS	RESPUESTAS
391. ¿Quiénes interceden a favor del creyente?	391. El Espíritu Santo y Jesucristo (Romanos 8:26 y 27, 34)
392. Según Romanos 8:26, ¿por qué el Espíritu Santo intercede por nosotros?	392. Porque no sabemos qué pedir como conviene.
393. ¿Por qué no debe un creyente contraer matrimonio con un incrédulo?	393. Porque la Palabra de Dios dice que no debemos unirnos en yugo desigual con un incrédulo. (2Corintios 6:14 y 15)
394. ¿Cuándo es que la tentación se convierte en pecado?	394. Al ceder a la tentación (Santiago 1:12-15)
395. Según 1 Juan, ¿cuáles son las tres clases de tentaciones comunes a toda persona?	395. 1. Los deseos de la carne 2. Los deseos de los ojos 3. La vanagloria de la vida (1 Juan 2:16)
396. ¿Cuáles son las tres fuentes principales de la tentación?	396. Satanás, el mundo y los propios malos deseos (Mateo 4:1; Marcos 4:17-19; Santiago 1:14 y 15)
397. En el proceso de la creación, ¿qué se movía sobre la faz de las aguas?	397. El Espíritu de Dios (Génesis 1:2)

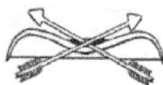

PREGUNTAS	RESPUESTAS
398. ¿Qué tres cosas dijo Jesús que el Espíritu Santo convencería al mundo?	398. Pecado, justicia y juicio (Juan 16:8-11)
399. ¿Por qué el Espíritu Santo convence al mundo de pecado?	399. Por no creer en Jesús (Juan 16:9)
400. ¿A quién glorifica el Espíritu Santo?	400. A Jesús (Juan 16:14)
401. ¿A qué guía el Espíritu Santo al creyente?	401. A toda verdad (Juan 16:13)
402. Cuando venga el Espíritu Santo, ¿qué nos hará saber?	402. Las cosas que habrán de venir (Juan 16:13)
403. ¿Qué papel desempeña el Espíritu Santo en la salvación?	403. Convence de pecado y transforma al pecador arrepentido. (Juan 16:8; Tito 3:5)
404. ¿Mora el Espíritu Santo en cada creyente?	404. Sí (Romanos 8:9)
405. ¿Qué les dijo Pablo a los Efesios lo que es las arras de nuestra herencia celestial?	405. El Espíritu Santo de la promesa (Efesios 1:13 y 14)
406. ¿Por qué subrayó Jesús que era necesario que El se fuera?	406. Para que pudiera venir el Espíritu Santo (Juan 16:7)

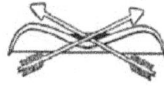

PREGUNTAS	RESPUESTAS
407. Cita el versículo de Zacarías que enseña cómo Dios desea que hagamos su obra.	407. Zacarías 4:6 – "No con ejército, ni con fuerza, sino con mi Espíritu, ha dicho Jehová de los ejércitos."
408. ¿Cuándo fue que los creyentes recibieron por primera vez el bautismo en el Espíritu Santo?	408. El Día de Pentecostés (Hechos 2:1-4)
409. Cita el versículo de Hechos 2 que describe lo que sucedió cuando los discípulos recibieron el bautismo en el Espíritu Santo.	409. Hechos 2:4 – "Y fueron todos llenos del Espíritu Santo, y comenzaron a hablar en otras lenguas, según el Espíritu les daba que hablasen."
410. ¿Qué estaban haciendo los discípulos de Jesús cuando fueron llenos del Espíritu Santo?	410. Estaban unánimes en oración, alabando y bendiciendo a Dios. (Lucas 24:53; Hechos 1:14)
411. Cita las palabras de Pedro a la multitud cuando le preguntaron qué debían hacer después de o ir su mensaje.	411. Hechos 2:38 – "Arrepentíos, y bautícese cada uno de vosotros en el nombre de Jesucristo para perdón de los pecados; y recibiréis el don del Espíritu Santo."

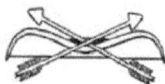

PREGUNTAS	RESPUESTAS
412. ¿Es la experiencia del bautismo en el Espíritu Santo la misma que la de la salvación?	412. No
413. ¿Qué es el propósito principal del bautismo en el Espíritu Santo para los creyentes?	413. Darnos poder para testificar (Hechos 1:8)
414. ¿Cuál es la evidencia física inicial del bautismo en el Espíritu Santo?	414. El hablar en otras lenguas (Hechos 2:4; 10:44-46; 19:6)
415. ¿Por qué creemos que el hablar en lenguas es la evidencia física inicial del bautismo en el Espíritu Santo?	415. Porque era la norma en la Iglesia neo testamentaria (Hechos 2:4; 10:44-46; 19:6)
416. ¿Qué es la Iglesia universal?	416. Es el conjunto de los verdaderos creyentes en Cristo de todo lugar y de toda época. (Efesios 4:4-6)
417. Según Pablo, ¿qué tres cosas caracterizan al reino de Dios?	417. Justicia, paz y gozo en el Espíritu Santo (Romanos 14:17)
418. ¿Quién es la cabeza de la Iglesia?	418. Jesucristo (Efesios 5:23)
419. ¿Quién es el fundamento de la Iglesia?	419. Jesucristo (1 Corintios 3:11)

PREGUNTAS	RESPUESTAS
420. ¿Quiénes son los santos?	420. Todos los que creen en Jesucristo (1Corintios 1:2)
421. Cita el versículo de Romanos 12 que compara a la Iglesia con un cuerpo.	421. Romanos 12:5 – "Así nosotros, siendo muchos, somos un cuerpo en Cristo, y todos miembros los unos de los otros."
422. ¿Quién edifica a la Iglesia?	422. Jesucristo (Mateo 16:18)
423. Cita el versículo que enseña el poder de la oración unida.	423. Mateo 18:19 – "Otra vez os digo, que si dos de vosotros se pusieren de acuerdo en la tierra acerca de cualquiera cosa que pidieren, les será hecho por mi Padre que está en los cielos."
424. Cita el versículo que enseña la misión de la Iglesia	424. Marcos 16:15 – "Id por todo el mundo y predicad el evangelio a toda criatura."
425. Según Jesús, ¿a qué propósito quiere Dios que se dedique su casa?	425. A la oración (Mateo 21:13)
426. ¿Para qué da Dios ministros a la Iglesia?	426. Para la edificación del Cuerpo de Cristo (Efesios 4:11 y 12)

PREGUNTAS	RESPUESTAS
427. ¿Qué significa ser llamado al ministerio?	427. Que la persona recibe una impresión especial del Espíritu Santo de dedicar su vida para este propósito especial (Isaías 6:8; Efesios 4:11)
428. ¿Cómo debe sostenerse económicamente una iglesia?	428. Por medio de los diezmos y las ofrendas de las personas que reciben el ministerio de esa iglesia (Números 18:21)
429. ¿Qué es el diezmo?	429. Es la décima parte de todas nuestras ganancias lo cual pertenece a Dios. (Levítico 27:30-32)
430. ¿Quién fue la primera persona en la Biblia que pagó diezmos y a quién se los pagó?	430. Abraham dio la décima parte de todas sus posesiones a Melquisedec. (Génesis 14:18-20)
431. ¿Qué es una ofrenda?	431. Algo aparte del diezmo que se da voluntariamente como acto de alabanza en devoción a Dios (Éxodo 35:29; Romanos 15:26)
432. ¿Por qué los creyentes se reúnen el primer día de la semana en vez del séptimo día?	

PREGUNTAS | RESPUESTAS

PREGUNTAS	RESPUESTAS
433. ¿Cuáles son las dos ordenanzas de la Iglesia?	432. Porque Jesús resucitó el primer día de la semana (Mateo 28:1-6)
434. ¿Qué simboliza o representa el bautismo en agua?	433. El bautismo en agua y la Santa Cena (Mateo 28:19; 1 Corintios 11:24 y 25)
435. ¿Quién debe ser bautizado en agua?	434. Un testimonio público de que hemos muerto al pecado y resucitado a vida nueva con Cristo (Colosenses 2:12)
436. ¿Cuál es el método correcto que se debe usar al bautizar en agua?	435. Toda persona que cree en Jesucristo como su Salvador (Hechos 8:12)
437. ¿En el nombre de quién dijo Jesús que debe ser bautizado el creyente?	436. Por inmersión (Maracos 1:9 y 10; Hechos 8:38)
438. ¿Qué representan el pan y el fruto de la vid que se usan durante la Santa Cena?	437. En el nombre del Padre, y del Hijo y del Espíritu Santo (Mateo 28:19)
	438. El pan representa el cuerpo de Cristo y el fruto de la vid representa su sangre que fue derramada por nuestros pecados. (1 Corintios 11:23-25)

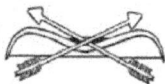

PREGUNTAS		RESPUESTAS	
439.	Cita el versículo de 1 Corintios en el que Pablo explica cuál es el propósito de la Santa Cena o Cena del Señor.	439.	1 Corintios 11:26 – "Así, pues, todas las veces que comiereis este pan, y bebiereis esta copa, la muerte del Señor anunciáis hasta que él venga."
440.	Durante la celebración de la Santa Cena, ¿qué debe hacer cada uno?	440.	Cada persona debe examinarse a sí misma. (1 Corintios 11:28)
441.	¿Cómo entró la muerte al mundo?	441.	Por el pecado (Romanos 5:12)
442.	¿Qué profetizó Isaías con respecto al poder de Jesús para sanar?	442.	Que él mismo tomó nuestras enfermedades y llevó nuestras dolencias (Isaías 53:4; Mateo 8:17)
443.	¿Con qué propósito hacía milagros Jesús?	443.	Para mostrar que era aprobado por Dios (Hechos 2:22)
444.	¿Qué lección nos enseña el libro de Job?	444.	Que no todas las desgracias en la vida del creyente ocurren como castigo por algún pecado (Job 2:3)
445.	¿Qué enseña Santiago que debe hacer el que está enfermo?	445.	Pedir a los líderes de la iglesia que nos unjan con aceite y oren para que Dios nos sane (Santiago 5:14-16)
446.	¿Cuál es la esperanza bienaventurada del creyente?		

PREGUNTAS	RESPUESTAS
	446. El regreso de Jesucristo (Tito 2:13)
447. ¿Qué significa el rapto de la Iglesia?	447. Cuando Cristo volverá para llevarse a todos los verdaderos creyentes de todos los tiempos, tanto vivos como muertos. (1 Tesalonicenses 4:16 y 17)
448. ¿Quién sabe cuándo ocurrirá el rapto?	448. Solamente Dios el Padre (Mateo 24:36)
449. ¿Qué es el propósito de la literatura apocalíptica?	449. Revelar lo que ocurrirá en los postreros tiempos
450. ¿Qué dos acontecimientos ocurrirán en el cielo después del rapto?	450. El tribunal de Cristo, donde las obras de los creyentes serán juzgadas y recompensadas, y las bodas del Cordero (2 Corintios 5:10; Apocalipsis 19:7-9)
451. ¿Qué es la Gran Tribulación?	451. Un período de extrema aflicción y disturbio en la tierra que sigue al rapto de la Iglesia (Mateo 24:21)
452. ¿Qué es el espíritu del Anticristo?	452. Todo espíritu que no confiesa que Jesucristo es el Señor (1 Juan 4:3)

PREGUNTAS	RESPUESTAS
453. ¿Qué es el milenio?	453. El período de mil años de paz en la tierra cuando Jesús y sus santos reinarán (Apocalipsis 20: 4)
454. ¿Dónde estará Satanás durante el reino milenario de Cristo?	454. En el abismo (Apocalipsis 20: 2 y 3)
455. ¿Qué hará Satanás al ser librado del abismo al final del milenio?	455. Engañará a las naciones y buscará pelear en contra de Cristo. Satanás y sus seguidores serán vencidos por Cristo y lanzados eternamente al lago de fuego. (Apocalipsis 20:7-10)
456. ¿Qué dos citas son inevitables para todo hombre?	456. La muerte y el juicio (Hebreos 9:27)
457. ¿Qué es el cielo?	457. Un lugar de gozo eterno con Dios
458. ¿Para quiénes ha preparado Dios el cielo?	458. Para aquellos que han aceptado a Jesucristo como Salvador
459. ¿En qué libro se registra el nombre de todo creyente?	459. El libro de la vida del Cordero (Apocalipsis 21:27)
460. Enumera cinco cosas que no habrá en el cielo.	460. Lágrimas, muerte, clamor, dolor y pecado (Apocalipsis 21:4 y 27)

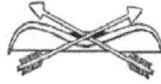

PREGUNTAS	RESPUESTAS
461. ¿Cuál será el último enemigo del creyente en ser destruido?	461. La muerte (1 Corintios 15:26)
462. ¿Qué es el infierno?	462. Un lugar de castigo y tormento eterno (Apocalipsis 19:10)
463. ¿Para quién preparó Dios el infierno?	463. Para el diablo y sus ángeles (Mateo 25:41)
464. ¿Quiénes pasarán la eternidad en el lago de fuego?	464. Todos aquellos que rechacen a Cristo como Salvador (Apocalipsis 20:15; 21:8)
465. Según Isaías, ¿por qué cayó Lucero?	465. Por rebelarse en contra de Dios (Isaías 14:12-15)
466. ¿Por qué el diablo no es tan poderoso como Dios?	466. Porque el diablo es una creación de Dios y ha sido derrotado por Jesucristo a través de su muerte y resurrección (Hebreos 2:14)
467. ¿Por qué las fuerzas malignas no pueden controlar al creyente?	467. Porque mayor es el que está en nosotros (Jesucristo) que el que está en el mundo (Satanás) (1Juan 4:4)
468. ¿Por qué debe el creyente evitar toda práctica del ocultismo?	468. Porque las Escrituras lo prohíben específicamente (Deuteronomio 18:9-14)

PREGUNTAS	RESPUESTAS
	469. Cuando un creyente muere su alma y su espíritu van inmediatamente a morar en la presencia del Señor. (Eclesiastés 12:7)
469. ¿Qué sucede al alma y al espíritu del creyente al morir?	
470. ¿Qué historia de Jesús nos enseña que tanto los santos como los pecadores tendrán conocimiento después de la muerte?	470. Lázaro y el hombre rico (Lucas 16:19-31)
471. ¿Qué proclamó Job con respecto a la vida eterna y la resurrección?	471. Que aunque él muriere y su cuerpo se descompusiere, resucitaría y vería a Dios (Job 19:25-27)
472. ¿Quiénes resucitarán?	472. Todos: los justos para vida eterna y los malvados para condenación eterna (Juan 5:29)
473. ¿Qué pasaje se conoce como "el capítulo de la resurrección"?	473. 1 Corintios 15
474. En 1 Corintios 15, ¿qué ilustración usa Pablo para explicar la resurrección de los creyentes?	474. La ilustración de una planta nueva que brota de una semilla (1 Corintios 15:35-44)
475. ¿Cuántas referencias hay en el Nuevo Testamento acerca de la segunda venida de Cristo?	475. Más de 300

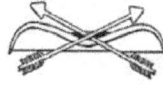

PREGUNTAS	RESPUESTAS
476. ¿Cuándo resucitarán los creyentes que ya han muerto?	476. En el rapto (1Tesalonicenses 4:16 y 17)
477. Jesús dijo que cuando El vuelva el mundo sería tan indiferente a las cosas de Dios como lo era en los días de ciertos hombres. ¿Quiénes eran los hombres que El mencionó?	477. Noé y Lot (Lucas 17:26-30)
478. ¿A qué se refiere "regreso de Cristo"?	478. Al momento en que El regresa a la tierra a reinar al final de la gran tribulación (Apocalipsis 19:11-16)
479. ¿Qué dos grandes sucesos abarca la segunda venida de Cristo?	479. El rapto y el regreso de Cristo para reinar sobre la tierra (1Tesalonicenses 4:16 y 17; Apocalipsis 19:11-16)
480. ¿Cuál de las parábolas de Jesús indica que algunos que dicen ser creyentes no estarán preparados para su regreso?	480. La parábola de las cinco vírgenes prudentes y las cinco insensatas (Mateo 25:1-13)

Guardianes del Tesoro

Lancero

PREGUNTAS	RESPUESTAS
481. Cita Romanos 8:38 y 39 que señalan las cosas que no pueden separamos del amor de Dios.	481. "Por lo cual estoy seguro de que ni la muerte, ni la vida, ni ángeles, ni principados, ni potestades, ni lo presente, ni lo por venir, ni lo alto, ni lo profundo, ni ninguna otra cosa creada nos podrá separar del amor de dios, que es en Cristo Jesús Señor nuestro."
482. Cita el versículo de Juan que dice quiénes pueden ser hijos de Dios.	482. Juan 1:12 – "Mas a todos los que le recibieron, a los que creen en su nombre, les dio potestad de ser hechos hijos de Dios."
483. Cita el versículo que da una guía para determinar cuál es la voluntad de Dios para nuestra vida.	483. Proverbios 3:5 y 6 – "Fíate de Jehová de todo tu corazón, y no te apoyes en tu propia prudencia. Reconócelo en todos tus caminos, y él enderezará tus veredas."

PREGUNTAS	RESPUESTAS
484. Cita el versículo que enfatiza la importancia de asistir a los cultos de la iglesia.	484. Hebreos 10:25 – "No dejando de congregarnos, como algunos tienen por costumbre, sino exhortándonos; y tanto más, cuando veis que aquel día se acerca."
485. Cita el versículo que dice que la Biblia entera es inspirada por Dios.	485. 2 Timoteo 3:16 – "Toda la Escritura es inspirada por Dios, y útil para enseñar, para redargüir, para corregir, para instruir en justicia."
486. Cita seis pruebas naturales o lógicas de que la Biblia es inspirada por Dios	486. 1. La unidad del tema céntrico desde Génesis a Apocalipsis. 2. La universalidad. Se aplica igual a toda cultura en toda época. 3. La supervivencia. Es el libro más antiguo del mundo. 4. Las profecías ya cumplidas. 5. La influencia sobre hombres y naciones. 6. Los hallazgos arqueológicos.

PREGUNTAS	RESPUESTAS
487. Cita el versículo que expresa la necesidad de estudiar la Biblia.	487. 2 Timoteo 2:15 – "procura con diligencia presentarte a Dios aprobado, como obrero que no tiene de qué avergonzarse, que usa bien la palabra de verdad."
488. Cita el versículo en que Juan expresa su propósito al escribir el Evangelio que lleva su nombre.	488. Juan 20:31 – "Pero éstas se han escrito para que creáis que Jesús es el Cristo, el Hijo de Dios, y para que creyendo, tengáis vida en su nombre."
489. Cita el versículo que declara el poder de la Palabra de Dios.	489. Hebreos 4:12 – "Porque la palabra de Dios es viva y eficaz, y más cortante que toda espada de dos filos; y penetra hasta partir el almo y el espíritu, las coyunturas y los tuétanos, y discierne los pensamientos y las intenciones del corazón."
490. ¿Qué cinco libros de la Biblia forman el Pentateuco?	490. Génesis, Éxodo, Levítico, Números y Deuteronomio

PREGUNTAS	RESPUESTAS
491. ¿Cuáles son los 12 libros históricos del Antiguo Testamento?	491. Josué, Jueces, Rut, 1 y 2 Samuel, 1 y 2 Reyes, 1 y 2 Crónicas, Esdras, Nehemías y Ester
492. Cita los cinco libros poéticos del Antiguo Testamento.	492. Job, Salmos, Proverbios, Eclesiastés y Cantares
493. Por ser los más largos, ¿a qué libros del Antiguo Testamento se les llama los profetas mayores?	493. Isaías, Jeremías, Lamentaciones, Ezequiel y Daniel
494. Por ser los más cortos, ¿a qué libros del Antiguo Testamento se les llama los profetas menores?	494. Oseas, Joel, Amós, Abdías, Jonás, Miqueas, Nahum, Habacuc, Sofonías, Hageo, Zacarías y Malaquías
495. ¿Cuáles son los cinco libros históricos del Nuevo Testamento?	495. Mateo, Marcos, Lucas, Juan y Hechos
496. Citas las 13 epístolas que escribió Pablo.	496. Romanos, 1 y 2 Corintios, Gálatas, Efesios, Filipenses, Colosenses, 1 y 2 Tesalonicenses, 1 y 2 Timoteo, Tito y Filemón
497. ¿Cuáles son las ocho epístolas generales?	497. Hebreos, Santiago, 1 y 2 Pedro, 1, 2 y 3 Juan y Judas

PREGUNTAS	RESPUESTAS
498. ¿Qué libros del Nuevo Testamento escribió Juan?	498. El Evangelio de San Juan, 1, 2, y 3 de Juan y Apocalipsis
499. Cita el versículo que dice que Jesús es el único que puede dar salvación.	499. Hechos 4:12 – "Y en ningún otro hay salvación; porque no hay otro nombre bajo el cielo, dado a los hombres, en que podamos ser salvos."
500. Enumera las siete declaraciones de Jesús en Juan que contienen las palabras "Yo soy".	500. 1. "Yo soy el pan de vida" 2. "Yo soy la luz del mundo" 3. "Yo soy la puerta" 4. "Yo soy el buen pastor" 5. "Yo soy la resurrección y la vida" 6. "Yo soy el camino, la verdad, y la vida" 7. "Yo soy la vid verdadera" (Juan 6:35; 8:12; 10:9; 10:11; 11:25; 14:6; 15:1)
501. Cita la profecía acerca del nacimiento de Jesús que se encuentra en Isaías 9.	501. Isaías 9:6 – "Porque un niño nos es nacido, hijo nos es dado, y el principado sobre su hombro; y se llamará su nombre Admirable, Consejero, Dios fuerte, Padre eterno, Príncipe de paz."

PREGUNTAS	RESPUESTAS
502. ¿Qué profetizó Jesús a Nicodemo con respecto a su muerte expiatoria?	502. Juan 3:14 y 15 – "Y como Moisés levantó la serpiente en el desierto, así es necesario que el Hijo del Hombre sea levantado, para que todo aquel que en él cree, no se pierda, mas tenga vida eterna."
503. ¿Qué significa la plenitud del sacrificio de Cristo?	503. La muerte de Cristo hizo provisión para perdonar nuestros pecados y librarnos del castigo eterno.
504. ¿Qué quiere decir "expiación"?	504. La reconciliación con Dios al quitar la ofensa y la culpa del pecado por medio del derramamiento de sangre. (Levítico 17:11; Romanos 5:9-11; Hebreos 9:22)
505. Cita el versículo de Mateo que habla del aspecto sobrenatural del nacimiento de Jesús.	505. Mateo 1:23 – "He aquí, una virgen concebirá y dará a luz un hijo, y llamarás su nombre Emanuel, que traducido es: Dios con nosotros."

PREGUNTAS	RESPUESTAS
506. Cita las palabras de Jesús cuando Tomás preguntó cómo podían saber cuál era el camino que debían seguir.	506. Juan 14;6 – "Yo soy el camino, y la verdad, y la vida; nadie viene al Padre, sino por mí."
507. Cita las palabras de Jesús a Marta que indican su poder sobre la muerte.	507. Juan 11:25 – "Yo soy la resurrección y la vida; el que cree en mí, aunque esté muerto, vivirá."
508. Cita el versículo que habla de la vida de Jesús entre los 12 y los 30 años.	508. "Y Jesús crecía en sabiduría y en estatura, y en gracia para con Dios y los hombres." (Lucas 2:40)
509. En el sermón del monte, ¿cómo explicó Jesús su relación con la ley y los profetas?	509. El no vino para anular las enseñanzas de la ley o de los profetas; sino para cumplirlas y darles verdadero significado.
510. ¿A qué tres personas levantó Jesús de los muertos?	510. La hija de Jairo; el hijo de la viuda de Naín; y Lázaro (Marcos 5:41 y 42; Lucas 7:14 y 15; Juan 11:43 y 44)

PREGUNTAS	RESPUESTAS
511. ¿Qué dos cosas profetizó Zacarías de la traición de Jesús?	511. Que el traidor recibiría treinta piezas de plata y que el dinero sería echado en la tesorería del templo. (Zacarías 11:12 y 13; Mateo 27:3-5)
512. Cita los versículos que dicen por qué envió Dios a su Hijo al mundo.	512. Juan 3: 16 y 17 – "Porque de tal manera amó Dios al mundo, que ha dado a su Hijo unigénito, para que todo aquel que en él cree, no se pierda, mas tenga vida eterna. Porque no envió Dios a su Hijo al mundo para condenar al mundo, sino para que el mundo sea salvo por él."
513. Cita el versículo que dice a quién se le habla al hablar en lenguas.	513. 1 Corintios 14:2 – "Porque el que habla en lenguas no habla a los hombres, sino a Dios; pues nadie le entiende, aunque por el Espíritu habla misterios."
514. Hay tres parábolas de Lucas 15 que tratan de igual número de pérdidas, ¿cuáles son?	514. La oveja perdida, la moneda perdida y el hijo pródigo (Lucas 15:4, 8 y 24)

PREGUNTAS	RESPUESTAS
515. Cuando el pródigo dijo a su padre que ya no era digno de ser su hijo ¿qué hizo el padre?	515. 1. Lo vistió con el mejor vestido. 2. Le puso un anillo en la mano. 3. Le puso calzado en los pies. 4. Le hizo una fiesta. (Lucas 15:22-24)
516. En la parábola del sembrador ¿qué tipo de personas relaciona Jesús con los terrenos?	516. 1. Con los que permiten que Satanás quite la Palabra de Dios 2. Con los que se apartan de Cristo cuando hay persecuciones 3. Con los que permiten que los afanes de este mundo dominen su vida 4. Con los que comparten el evangelio con otros (Marcos 4:15-20)
517. Cita la invitación que hace Cristo en Apocalipsis 3.	517. Apocalipsis 3:20 – "He aquí, yo estoy a la puerta y llamo; si alguno oye mi voz y abre la puerta, entraré a él, y cenaré con él, y él conmigo."

PREGUNTAS	RESPUESTAS
	518. Romanos 10:9 – "Que si confesares con tu boca que Jesús es el Señor, y creyeres en tu corazón que Dios le levantó de los muertos, serás salvo."
518. Cita el versículo en Romanos 10 que dice qué debemos hacer para ser salvos.	
519. ¿Cuáles son las tres evidencias mencionadas en Juan que comprueban que la persona es un verdadero discípulo?	519. 1. La vida de obediencia a las enseñanzas de Cristo 2. El amor de los unos con los otros 3. El fruto espiritual (Juan 8:31; 13:35; 15:8)
	520. 1 Corintios 14:15 – "Oraré con el espíritu, pero oraré también con el entendimiento; cantaré con el espíritu, pero cantaré también con el entendimiento."
520. Cita el versículo que menciona las maneras de orar y cantar.	
521. Cita la definición de la fe que se encuentra en Hebreos 11:1.	521. Hebreos 11:1 – "Es, pues, la fe la certeza de lo que se espera, la convicción de lo que no se ve."

PREGUNTAS	RESPUESTAS
522. Cita el versículo de Filipenses 1 que expresa la certeza de que Dios nos puede guardar.	522. Filipenses 1:6 – "Estando persuadido de esto, que el que comenzó en vosotros la buena obra, la perfeccionará hasta el día de Jesucristo."
523. Cita el versículo que dice cómo debe el creyente hacer todas las cosas.	523. Colosenses 3:17 – "Y todo lo que hacéis, sea de palabra o de hecho, hacedlo todo en el nombre del Señor Jesús, dando gracias a Dios Padre por medio de él."
524. Cita el versículo donde Jesús dice cómo debe el creyente tratar a los que lo maltratan.	524. Mateo 5:44 – "Pero yo os digo: Amad a vuestros enemigos, bendecid a los que os maldicen, haced bien a los que os aborrecen, y orad por los que os ultrajan y os persiguen."
525. Cita el versículo de Efesios 4 que enseña cómo debemos tratar a los demás.	525. Efesios 4:32 – "Antes sed benignos unos con otros, misericordiosos, perdonándoos unos a otros, como Dios también os perdonó a vosotros en Cristo."

PREGUNTAS	RESPUESTAS
526. Cita cuatro de las cosas para ser semejantes a Jesús.	526. 1. Guardar la Palabra en nuestro corazón. 2. Orar a Dios cada día. 3. Congregarnos con otros creyentes. 4. Andar conforme al Espíritu. (Salmos 119:11; 55:17; Hebreos 10:24 y 25; y Romanos 8:4)
527. Cita tres consejos de Pablo en cuanto a la ira.	527. 1. No usar la ira como excusa para pecar. 2. No permanecer enojado. 3. No dar lugar al diablo. (Efesios 4:26 y 27)
528. Nombra siete de las características del verdadero amor cristiano que se mencionan en 1 Corintios 13.	528. 1. Sufrido (paciente) 2. Benigno 3. No tiene envidia 4. No es jactancioso 5. No se envanece 6. No hace nada indebido 7. No busca lo suyo 8. No se irrita, no guarda rencor 9. No se goza de la injusticia 10. Se goza de la verdad 11. Permanece (1Corintios 13: 4-8)

PREGUNTAS	RESPUESTAS
529. Cita el versículo que afirma que todas las cosas que suceden al creyente tienen un propósito específico.	529. Romanos 8:28 – "Y sabemos que a los que aman a Dios, todas las cosas les ayudan a bien, esto es, a los que conforme a su propósito son llamados."
530. Cita el versículo que dice cuál debe ser la meta principal de nuestra vida.	530. Mateo 6:33 – "Mas buscad primeramente el reino de Dios y su justicia, y todas estas cosas os serán añadidas."
531. Cita el versículo que expresa la clave para hacer amistades.	531. Proverbios 18:24 – "El hombre que tiene amigos ha de mostrarse amigo; y amigo hay más unido que un hermano."

PREGUNTAS	RESPUESTAS
532. Recita el Padre nuestro.	532. Mateo 6:9-13 – "Padre nuestro que estás en los cielos, santificado sea tu nombre. Venga tu reino. Hágase tu voluntad, como en el cielo, así también en la tierra. El pan nuestro de cada día, dánoslo hoy. Y perdónanos nuestras deudas, como también nosotros perdonamos a nuestros deudores. Y no os metas en tentación, mas líbranos del mal; porque tuyo es el reino, y el poder, y la gloria, por todos los siglos. Amén."
533. Cita la definición de la persona bienaventurada que aparece en Salmo uno.	533. Salmo 1:1 y 2 – "Bienaventurado el varón que no anduvo en consejo de malos, ni estuvo en camino de pecadores, ni en silla de escarnecedores se ha sentado, sino que en la ley de Jehová está su delicia, y en su ley medita de día y de noche."

PREGUNTAS	RESPUESTAS
534. Cita el versículo en Salmos que dice por qué el creyente no debe temer a la muerte.	534. Salmo 23:4 – "Aunque ande en valle de sombra de muerte, no temeré mal alguno, porque tú estarás conmigo; tu vara y tu cayado me infundirán aliento."
535. Cita el versículo que explica por qué no debemos confiar en nuestro propio juicio al escoger cómo vivir.	535. Proverbios 14:12 – "Hay camino que al hombre le parece derecho; pero su fin es camino de muerte."
536. Cita el versículo que dice cuál es la responsabilidad del creyente al testificar a los que están perdidos.	536. Mateo 5:16 – "Así alumbre vuestra luz delante de los hombres, para que vean vuestras buenas obras, y glorifiquen a vuestro Padre que está en los cielos."
537. Cita dos versículos de Mateo 6 que dicen dónde hacer tesoros.	537. Mateo 6:20 y 21 – "Sino haceos tesoros en el cielo, donde ni la polilla ni el orín corrompe, y donde ladrones no minan ni hurtan. Porque donde esté vuestro tesoro, allí estará también vuestro corazón."

PREGUNTAS	RESPUESTAS
538. Cita los versículos de Romanos 12 donde Dios expresa lo que desea que cada creyente haga.	538. Romanos 12:1 y 2 – "Os ruego por las misericordias de Dios, que presentéis vuestros cuerpos en sacrificio vivo, santo, agradable a Dios, que es vuestro culto racional. No os conforméis a este siglo, sino transformaos por medio de la renovación de vuestro entendimiento, para que comprobéis cuál sea la buena voluntad de Dios, agradable y perfecta."
539. Cita el versículo de Filipenses que dice qué debemos hacer en vez de preocupamos o afanamos.	539. Filipenses 4:6 – "Por nada estéis afanosos sino sean conocidas vuestras peticiones delante de Dios en toda oración y ruego, con acción de gracias."

PREGUNTAS	RESPUESTAS
540. Cita el versículo de Filipenses que dice en qué debemos pensar.	540. Filipenses 4:8 – "Por lo demás, hermanos, todo lo que es verdadero, todo lo honesto, todo lo justo, todo lo puro, todo lo amable, todo lo que es de buen nombre; si hay virtud alguna, si algo digno de alabanza, en esto pensad."
541. Según la epístola a los Hebreos, ¿por qué rehusó Moisés llamarse nieto de Faraón?	541. Porque estaba dispuesto a ser maltratado con el pueblo de Dios antes que gozar de los placeres temporales del pecado (Hebreos 11:25)
542. Cita el versículo que Indica cómo debemos orar con respecto a nuestra manera de hablar y pensar.	542. Salmo 19:14 – "Sean gratos los dichos de mi boca y la meditación de mi corazón delante de ti, oh Jehová, roca mía, y redentor mío.
543. ¿Cómo puede el creyente vivir en victoria sobre el pecado?	543. Rindiéndose a Dios, identificándose con la muerte y resurrección de Jesús, y permitiendo que el Espíritu Santo lo guíe. (Romanos 6:11-13; 8:13 y 14)

PREGUNTAS	RESPUESTAS
544. Cita el versículo que asegura que podemos resistir la tentación.	544. 1 Corintios 10:13 – "No os ha sobrevenido ninguna tentación que no sea humana; pero fiel es Dios, que no os dejará ser tentados más de lo que podéis resistir, sino que dará también juntamente con la tentación la salida, para que podáis soportar."
545. Cita lo que dice Proverbios acerca de esconder nuestros pecados.	545. Proverbios 28:13 – "El que encubre sus pecados no prosperará; mas el que los confiesa y se aparta alcanzará misericordia."
546. Cita el versículo de la Primera epístola de Juan que dice lo que debe hacer el creyente si llega a pecar.	546. 1 Juan 1:9 – "Si confesamos nuestros pecados, él es fiel y justo para perdonar nuestros pecados, y limpiarnos de toda maldad."

PREGUNTAS	RESPUESTAS
547. Cita el versículo que menciona las señales que Jesús dijo seguirían a los creyentes.	547. Marcos 16:17 y 8 – "Y estas señales seguirán a los que creen: En mi nombre echarán fuera demonios; hablarán nuevas lenguas; tomarán en las manos serpientes, y si bebieren cosa mortífera, no les hará daño; sobre los enfermos pondrán sus manos, y sanarán."
548. ¿Qué tres señales sobrenaturales acompañaron la venida del Espíritu Santo el Día de Pentecostés?	548. 1. El sonido de un viento recio. 2. Lenguas de fuego que se repartieron. 3. Los discípulos hablaron en lenguas que nunca habían aprendido. (Hechos 2:2-4)
549. ¿Cuál fue el último mandato de Jesús a sus discípulos antes de su ascensión?	549. Que no se fueran de Jerusalén hasta recibir la plenitud del Espíritu Santo. (Hechos 1:4)

PREGUNTAS	RESPUESTAS
550. Cita el versículo que dice para quiénes es la promesa del bautismo en el Espíritu Santo.	550. Hechos 2:39 – "Porque para vosotros es la promesa, y para vuestros hijos, y para todos los que están lejos; para cuantos el Señor nuestro Dios llamare."
551. Cita las palabras de Cristo que explican cuál es el propósito del bautismo en el Espíritu Santo.	551. Hechos 1:8 – "Pero recibiréis poder, cuando haya venido sobre vosotros el Espíritu Santo, y me seréis testigos en Jerusalén, en toda Judea, en Samaria, y hasta lo último de la tierra."
552. Cita dos versículos de Gálatas que mencionan el fruto del Espíritu Santo.	552. Gálatas 5:22 y 23 – "Mas el fruto del Espíritu es amor, gozo, paz, paciencia, benignidad, bondad, fe, mansedumbre, templanza; contra tales cosas no hay ley."
553. ¿Qué siete dones del Espíritu se enumeran en Romanos 12?	553. Profecía, servicio, enseñanza, exhortación, generosidad, liderazgo, y misericordia (Romanos 12:6-8)

PREGUNTAS	RESPUESTAS
554. ¿Qué nueve dones del Espíritu Santo se enumeran en 1 Corintios 12?	554. Palabra de sabiduría, palabra de ciencia, fe, sanidades, milagros, profecía, discernimiento de espíritus, lenguas, e interpretación de lenguas (1 Corintios 12:8-10)
555. ¿Cuáles son las condiciones para ser miembro de la iglesia local?	555. 1. Haber aceptado a Cristo como Salvador. 2. Estudiar las enseñanzas de la iglesia y estar de acuerdo con ellas. 3. Prometer sostener y apoyar a la iglesia con los diezmos, ofrendas, talentos, y tiempo. 4. Estar dispuesto a sujetase a la disciplina de la iglesia. 5. Haber sido bautizado en agua.
556. En el Nuevo Testamento hay muchos símbolos para describir a la Iglesia, nombra cinco de estos.	556. 1. Un cuerpo 2. Un edificio 3. Un rebaño 4. La vid y los pámpanos 5. Una esposa (1 Corintios 12:12, 27; 3:9, 16; Efesios 2:19-22; Lucas 12:32; Juan 20:11; 15:4 y 5; Efesios 5:23, 32)

PREGUNTAS	RESPUESTAS
557. Despúes del Día de Pentecostés, ¿en qué cuatro cosas perseveraban los creyentes?	557. 1. En la doctrina de los apóstoles. 2. En la comunión unos con otros. 3. En el partimiento del pan. 4. En las oraciones. (Hechos 2:42)
558. Al orar en una lengua desconocida, ¿qué sucede con el entendimiento? Cita el versículo.	558. 1 Corintios 14:14 – "Porque si yo oro en lengua desconocida, me espíritu ora, pero mi entendimiento queda sin fruto."
559. ¿Qué significa ser buen un administrador?	559. Reconocer que todo lo que tiene y todo lo que es proviene de Dios y debe ser usado sabiamente para el avance de su obra. (1 Pedro 4:10 y 11)
560. Cita la gran comisión que aparece en Mateo.	560. Mateo 28:19 – "Por tanto, id, y haced discípulos a todas las naciones, bautizándolos en el nombre del Padre, y del Hijo, y del Espíritu Santo."
561. ¿Cuáles cinco dones ministeriales se mencionan en Efesios 4?	561. Apóstoles, profetas, evangelistas, pastores y maestros (Efesios 4:11)

PREGUNTAS	RESPUESTAS
562. ¿Cuáles dos grandes reglas contiene 1 Corintios 14 por las que se debe regir un servicio en la iglesia?	562. 1. Todo debe hacerse para la edificación espiritual de la congregación. 2. Todo debe hacerse decentemente y con orden. (1Corintios 14:26, 40)
563. Cita el versículo de 2 Corintios que dice cómo ofrendar.	563. 2 Corintios 9:7 – "Cada uno dé como propuso en su corazón: no con tristeza, ni por necesidad, porque Dios ama al dador alegre."
564. Al participar de la Santa Cena, ¿qué cuatro cosas debemos hacer?	564. 1. Recordar y anunciar la muerte de Jesucristo 2. Anticipar su regreso 3. Examinar nuestra relación con Dios 4. Disfrutar de la comunión con Jesús y nuestros hermanos en Cristo (1 Corintios 11:23-33)
565. Cita la profecía de Isaías respecto a la muerte de Jesucristo como nuestro sustituto.	565. Isaías 53:5 – "Mas él herido fue por nuestras rebeliones, molido por nuestros pecados; el castigo de nuestra paz fue sobre él, y por su llaga fuimos nosotros curados."

PREGUNTAS	RESPUESTAS
566. Cita la promesa que les hizo Jesús a sus discípulos con respecto a su regreso.	566. Juan 14:3 – "Y si me fuere y os preparare lugar, vendré otra vez, y os tomaré a mí mismo, para que donde yo estoy, vosotros también estéis."
567. Cita el versículo que menciona la profecía del regreso de Jesús que fue proclamada cuando ascendió al cielo.	567. Hechos 1:11 – "Varones galileos, ¿por qué estáis mirando al cielo? Este mismo Jesús, que ha sido tomado de vosotros al cielo, así vendrá como le habéis visto ir al cielo."
568. Menciona cinco señales de Mateo 24 referentes al pronto regreso de Cristo.	568. 1. Muchos profetas y falsos Mesías. 2. Guerras y rumores de guerras. 3. Hambres y pestilencias. 4. Terremotos. 5. Gran aumento de la maldad. 6. Enfriamiento del amor de muchos. 7. La predicación del evangelio en todo el mundo. (Mateo 24:6-14)

PREGUNTAS	RESPUESTAS
569. Cita los dos versículos de 1 Tesalonicenses donde Pablo describe el rapto o arrebatamiento de la Iglesia.	569. 1 Tesalonicenses 4:16 y 17 – "Porque el Señor mismo con voz de mando, con voz de arcángel, y con trompeta de Dios, descenderá del cielo; y los muertos en Cristo resucitarán primero. Luego nosotros los que vivimos, los que hayamos quedado, seremos arrebatados juntamente con ellos en las nubes para recibir al Señor en el aire, y así estaremos siempre con el Señor."
570. Cita el versículo de 1 Corintios 15 en el que Pablo describe lo que sucederá cuando Cristo regrese.	570. 1 Corintios 15:52 – "En un momento, en un abrir y cerrar de ojos, a la final trompeta; porque se tocará la trompeta, y los muertos serán resucitados incorruptibles, y nosotros seremos transformados."

PREGUNTAS	RESPUESTAS
571. Todo hombre será juzgado. Explica por quién y para qué.	571. Los creyentes serán juzgados por Cristo para determinar qué recompensas recibirán, mientras que los que negaron a Cristo como su Salvador serán condenados al castigo eterno. (Mateo 25:31-46; Apocalipsis 22:12)
572. ¿Cómo se llamaban los 12 hijos de Israel?	572. Rubén, Simeón, Leví, Judá, Isacar, Zabulón, José, Benjamín, Dan, Neftalí, Gad y Aser (1 Crónicas 2:1 y 2)
573. De los Diez Mandamientos, ¿cuáles tratan con la relación del hombre con Dios?	573. Los cuatro primeros: 1. No tendrás dioses ajenos delante de mí. 2. No te harás imágenes. 3. No tomarás el nombre de Jehová tu Dios en vano. 4. Acuérdate del día de reposo. (Éxodo 20:3-11)

PREGUNTAS	RESPUESTAS
574. De los Diez Mandamientos, ¿cuáles tratan con la relación del hombre con sus semejantes?	574. Los seis últimos: 5. Honra a tu padre y a tu madre. 6. No matarás. 7. No cometerás adulterio. 8. No hurtarás. 9. No hablarás contra tu prójimo falso testimonio. 10. No codiciarás cosa alguna de tu prójimo. (Éxodo 20:12-17)
575. Cita el nombre de los 12 discípulos de Jesús.	575. Simón Pedro, Andrés, Jacobo hijo de Zebedeo, Juan, Felipe, Bartolomé, Tomás, Mateo, Jacobo hijo de Alfeo, Tadeo, Simón el cananita y Judas Iscariote (Mateo 10:2-4)

PREGUNTAS

RESPUESTAS

576. Enumera las siete cosas que Dios aborrece y que se encuentran en Proverbios 6.

576. 1. Los ojos altivos 2. La lengua mentirosa 3. Las manos derramadoras de sangre inocente 4. El corazón que maquina pensamientos inicuos 5. Los pies presurosos para correr al mal 6. El testigo falso que habla mentiras 7. El que siembra discordia entre hermanos (Proverbios 6:17-19)

Guardianes del Tesoro

La iglesia _____ reconoce que

_____

ha completado éxitosamente los requisitos del primer nivel de los Guardianes del Tesoro, por consiguente lo declara Escudero.

Escudero

_____
Firma   Fecha

_____
Firma   Fecha

Guardianes del Tesoro

La iglesia _____ reconoce que

_____

ha completado éxitosamente los requisitos del segundo nivel de los Guardianes del Tesoro, por consiguente lo declara Arquero.

Arquero

_____   _____
Firma   Fecha

_____   _____
Firma   Fecha

Guardianes del Tesoro

La iglesia _____ reconoce que

_____

ha completado éxitosamente los requisitos del
tercer nivel de los Guardianes del Tesoro,
por consiguente lo declara Lancero.

Lancero

_____   _____
Firma   Fecha

_____   _____
Firma   Fecha

Guardianes del Tesoro

Torneo bíblico

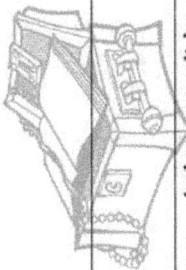

La iglesia _____ reconoce que

_____

es un hábil defensor del tesoro, por haber cumplido con éxito el requisito máximo.
Por tanto lo declara Guardián Real

Guardián Real

_____ _____
Firma   Fecha

_____ _____
Firma   Fecha

_____ _____
Firma   Fecha

_____ _____
Firma   Fecha

10	20	30	40	50	60	80	90
9	29	39	49	59	69	79	89
8	28	38	48	58	68	78	88
7	27	37	47	57	67	77	78
6	26	36	46	56	66	76	86
5	25	35	45	55	65	75	85
4	24	34	44	54	64	74	84
3	23	33	43	53	63	73	83
2	22	32	42	52	62	72	82
1	21	31	41	51	61	71	81

151	141	131	121	111	101	91	81
152	142	132	122	112	102	92	82
153	143	133	123	113	103	93	83
154	144	134	124	114	104	94	84
155	145	135	125	115	105	95	85
156	146	136	126	116	106	96	86
157	147	137	127	117	107	97	87
158	148	138	128	118	108	98	88
159	149	139	129	119	109	99	89
160	150	140	130	120	110	100	90

90	100	110	120	130	140	150	160
89	99	109	119	129	139	149	159
88	98	108	118	128	138	148	158
87	97	107	117	127	137	147	157
86	96	106	116	126	136	146	156
85	95	105	115	125	135	145	155
84	94	104	114	124	134	144	154
83	93	103	113	123	133	143	153
82	92	102	112	122	132	142	152
81	91	101	111	121	131	141	151

281	271	261	251	241
282	272	262	252	242
283	273	263	253	243
284	274	264	254	244
285	275	265	255	245
286	276	266	256	246
287	277	267	257	247
288	278	268	258	248
	279	269	259	249
	280	270	260	250

298	308	318	328	338	348	358	368
297	307	317	327	337	347	357	367
296	306	316	326	336	346	356	366
295	305	315	325	335	345	355	365
294	304	314	324	334	344	354	364
293	303	313	323	333	343	353	363
292	302	312	322	332	342	352	362
291	301	311	321	331	341	351	361
290	300	310	320	330	340	350	360
289	299	309	319	329	339	349	359

439	429	419	409	399	389	379	369
440	430	420	410	400	390	380	370
441	431	421	411	401	391	381	371
442	432	422	412	402	392	382	372
443	433	423	413	403	393	383	373
444	434	424	414	404	394	384	374
445	435	425	415	405	395	385	375
446	436	426	416	406	396	386	376
447	437	427	417	407	397	387	377
448	438	428	418	408	398	388	378

458	468	478	
457	467	477	
456	466	476	
455	465	475	
454	464	474	
453	463	473	
452	462	472	
451	461	471	
450	460	470	480
449	459	469	479

551	541	531	521	511	501	491	481
552	542	532	522	512	502	492	482
553	543	533	523	513	503	493	483
554	544	534	524	514	504	494	484
555	545	535	525	515	505	495	485
556	546	536	526	516	506	496	486
557	547	537	527	517	507	497	487
558	548	538	528	518	508	498	488
559	549	539	529	519	509	499	489
560	550	540	530	520	510	500	490

570		
569		
568		
567		
566	576	
565	575	
564	574	
563	573	
562	572	
561	571	

GDT - Tarjeta de puntuación

A

Nivel de competencia: _____ Moderador: _____ Juez 1: _____

Lugar: _____ Fecha: _____ Arbitro _____ Juez 2: _____

Hora de comienzo: _____ Anotador: _____ Hora de término: _____

Nivel de competencia	Preguntas por ronda			Total del torneo
	1ra. ronda	2da ronda	3ra. ronda	
Escudero	8 Escudero	8 Escudero	8 Escudero	= 24
Arquero	8 Escudero	8 Escudero	8 Arquero	= 24
Lancero	8 Arquero	8 Lancero	8 Lancero	= 24

B

Primera puntuación individual: _____ / _____

Segunda puntuación individual: _____ / _____

Equipo ganador: _____ Puntuación: _____

Equipo perdedor: _____ Puntuación: _____

INSTRUCCIONES PARA EL USO DE LA TARJETA DE PUNTUACION

Lado I

A. Complete la información general solicitada en el primer cuadro.

B. Una vez que concluya el torneo.
1. Escriba el nombre y el total de puntos de quienes obtuvieron las más altas puntuaciones individuales.
2. Escriba el nombre y el total de puntos del equipo ganador y del perdedor.

Lado II

Complete la información específica acerca de los dos equipos correspondientes.

A. Registro de preguntas:
1. Un equipo usará las columnas de números impares y el otro la de pares.
2. En la línea "GDT" escriba el número que aparece en la ficha que selecciona el vocero.

B. Identificación de los participantes
1. En el espacio marcado con una "V", escriba el apellido y la inicial del nombre del vocero.
2. En caso de que participe el suplente, escriba el apellido y la inicial del nombre a continuación de la "S".

C. Registro de los puntos
1. Anote los puntos de cada pregunta en la línea que corresponde al vocero y bajo el número de pregunta en juego.
2. Si el vocero responde satisfactoriamente una pregunta con "guías", escriba los puntos en el cuadro y enciérrelos en un círculo.
3. Si el vocero completa mal las "guías" o responde incorrectamente, dibuje una cruz en el cuadro que corresponde.

D. Totales
1. En la columna TR#, registre el total de puntos de cada ronda.
2. En la columna TP, registre el total de puntos de las tres rondas más los puntos de desempate, si hubiera.
3. En la columna TF, registre el total final de puntos. Esta también le permitirá determinar quien obtuvo la mayor puntuación individual.

4. En el ángulo inferior derecho registre la puntuación total que obtuvo el equipo.

E. Faltas
Cada vez que se cometa una falta, regístrela en la línea correspondiente, usando el número que identifica al vocero responsable.

F. Recesos
Cada vez que un equipo solicite un receso, dibuje una cruz en uno de los cuadros en la línea correspondiente.

Abreviaturas

TR - total de puntos de la ronda
TP - puntuación parcial
TF - total final de puntos
V: - vocero
S: - suplente

GDT - Tarjeta de puntuación

Lado II

Equipo 1: _____

Entrenador: _____

		Primera ronda								Segunda ronda								Tercera ronda							Desempate						Totales	
PRE-GUNTA	Nº	1	2	3	4	5	6	7	8	TR1	9	10	11	12	13	14	15	16	TR2	17	18	19	20	21	22	23	24	TR3	1	2	3	4	5	6	TP	TF
	GDT																																			
1	V:																																			
	S:																																			
2	V:																																			
	S:																																			
3	V:																																			
	S:																																			
4	V:																																			
	S:																																			

Faltas

Recesos

Total del equipo

Equipo 2: _____

Entrenador: _____

		Primera ronda									Segunda ronda									Tercera ronda								Desempate						Totales	
1	V:																																			
	S:																																			
2	V:																																			
	S:																																			
3	V:																																			
	S:																																			
4	V:																																			
	S:																																			

Faltas

Recesos

Total del equipo